FICHA TÉCNICA

Relaciones - Pandemia de soledad

Traducción:
Las versiones portuguesa y alemana fueron escritas y traducidas por la propia autora.

1a. Edición
producción independiente
WWW.PUNKT-PONTO.DE

RELACIONES – Pandemia de Soledad
158 paginas

Autora
Ana Paula Fanz

Prefacio:
Dra. Eulália Sombra

Traducción y corrección
Virginia Pirela

Título original del portugués brasileño
Relacionamentos – Pandemia de Solidão

Palabras clave: Relaciones, conexiones emocionales, familia, afecto, decisión, política, pedagogía, religión, economía, trabajo, emociones, rechazo, aceptación, orgullo y perdón.

Resumen

Prefacio

Estimado lector,

Con mucho entusiasmo les presento el libro "Relaciones", de la posgraduada Psicoanalista, Consultora en Psicología y escritora Ana Paula Fanz. En estas páginas, tendrás la oportunidad de explorar y reflexionar sobre la complejidad y la belleza de las interacciones humanas, descubriendo ideas valiosas que pueden transformar la forma en que te relacionas con el mundo y las personas que te rodean. Con una escritura sensible, accesible, atractiva y perspicaz, Ana Paula nos invita a sumergirnos en un universo de emociones, expectativas y conexiones que nos convierten en seres sociales únicos e interdependientes. A lo largo de su carrera, Ana Paula Fanz ha destacado por su capacidad para explorar los matices de las relaciones interpersonales, ya sean familiares, laborales, de amistad o amorosas. Con un enfoque delicado y a la vez incisivo, el autor nos lleva por caminos inexplorados del corazón y la mente, revelando verdades profundas y transformadoras.

El autor nos presenta una obra que va mucho más allá de un simple manual de autoayuda. Aquí encontramos una importante herramienta llamada "Uno-Pilar" y el alcance de la palabra "Relación", que nos invita a reflexionar sobre el significado y la importancia de los vínculos que establecemos a lo largo de nuestro camino. Utilizando un lenguaje accesible y atractivo, el autor nos guía a través de una inmersión profunda en nuestra propia esencia y nos invita a repensar nuestras relaciones con los demás y con nosotros mismos.

Prepárate para un viaje emocionante y revelador. En "Relaciones", Ana Paula Fanz nos ofrece una mirada sensible y profunda sobre el arte de relacionarse. Este libro es una invitación a la reflexión, la introspección y la transformación. Que cada página sea una inspiración para construir relaciones más auténticas, genuinas y significativas en nuestras vidas. En este libro encontrarás reflexiones sobre la importancia de la comunicación efectiva, la empatía y el autoconocimiento para construir relaciones sanas y significativas. El autor nos invita a cuestionar estándares preestablecidos, desafiar creencias limitantes y dar espacio a la autenticidad y el entendimiento mutuo en nuestras relaciones interpersonales.

Que esta obra sea un faro de luz y sabiduría en tu camino. Que las palabras del autor resuenen en tu corazón y te animen a buscar conexiones más profundas y genuinas en todos los aspectos de tu vida. Que el viaje que comienza ahora, al entrar en estas páginas, sea enriquecedor y revelador, guiándote hacia relaciones más plenas y gratificantes.

¡Feliz lectura!
Dra. Eulália Sombra
Psicoanalista clínico y escritor

Nuestras relaciones cotidianas

Las relaciones humanas están pasando por un boom, un boom de destrucción y no se crea nada más, porque a partir de la destrucción no se puede crear nada, no hay orden en el caos. Ninguna belleza surge de la destrucción y nada ni nadie evoluciona solo ni es feliz solo. Esto tiene un nombre que le dio una investigación encargada por el gobierno alemán: "Pandemia de Soledad". Esta pandemia provoca un desorden en las emociones, llevando a la destrucción las relaciones internas y externas. Este desorden está llevando a la gente a adorarse sólo a sí mismos, sólo a sus voluntades y a sus ideas. Una vida centrada sólo en uno mismo es dolorosa, es muy dolorosa y limitada. En cualquier relación, si lo es todo para ti, todo es dolor. Lo contrario también es cierto, si es todo para los demás y nada para ti, definitivamente vendrá el cansancio, junto con la soledad y el dolor. No llegaremos a ninguna parte si seguimos por este camino que, a la vista de los resultados, parece un camino muy tortuoso. Cuando reconoces tu valor y el valor de los demás, empiezas a tener prioridades. Conoces de antemano la respuesta a muchas preguntas, sabrás priorizar tus valores y tendrás tranquilidad en tus decisiones.

Puede parecer contradictorio, pero a la gente le falta información cuando el tema es serio. Tenemos acceso a una montaña de información desconectada, no se puede concluir nada, vivimos de propinas. Pero la vida es mucho más profunda. Con el objetivo de llamar la atención y atraer consumidores, la información digital ofrece mucho y entrega poco, es simplemente superficial.

En el pasado nuestras relaciones eran limitadas, teníamos personas que dirigían nuestra vida como mejor les parecía, como nuestros padres, familiares, amigos y profesores. Nuestra relación con el mundo se limitaba a los compañeros de trabajo, a los que encontrábamos en el camino, a veces en la parada de autobús, en la estación de metro o de tren. Hoy podemos decir que interactuamos con el mundo, prácticamente sin barreras ni fronteras. ¡Está todo conectado! Esto es bueno por un lado y malo por el otro, las innumerables opciones en las relaciones nos dejan confundidos, ya sean relaciones románticas, de amistad, laborales, no importa, el exceso de opciones hace que los seres humanos parezcan productos de exhibición y para elegir, simplemente mueva los dedos.

¡¡¡¡Auge!!!! De repente nos estamos relacionando con todo y con todos, todas las culturas, todas las personas, los pensamientos más diversos. Pero ¿cuándo estuvimos realmente preparados para esto? No lo fuimos, esa es la verdad, fuimos arrojados a un mundo nuevo con todo lo bueno y lo malo del viejo mundo. Estuvimos expuestos a las ventajas y desventajas que nos trajo este mundo. Estamos expuestos a los peligros de un mundo que no controlamos y que nos aleja cada vez más de nuestras emociones, de quienes somos. Estamos en una carrera para ser lo que otros quieren que seamos. ¿Será que en algún momento de la historia el ser humano tuvo control sobre sus emociones, pudo saber qué significa ser un ser humano, cuál es el carácter de un ser humano real y cómo funcionan sus relaciones?

PANDEMIA DE SOLEDAD
Personas que no aman y no son amadas.
(¿Eres demasiado difícil para ser amado?)

Personas que no aman y no son amadas. Sinceramente esto no existe, no cuando hablamos de gente normal, existe el falso sentimiento de que no somos capaces de amar y también el falso sentimiento de que nadie nos ama. El solo hecho de que tengas este sentimiento ya demuestra que eres un ser humano con las preguntas normales de la vida. Hay que entender que una relación está llena de subterfugios, los seres humanos somos mutantes, por eso siempre hay problemas particulares que experimentamos y aunque el tema sea el mismo, por ejemplo, casos de celos, casos de separación, casos de rechazo, casos de de abandono, del fin de una relación, cada situación es diferente. El final de una relación para ti no es igual para los demás, cada uno vive la vida de manera diferente. Siempre estamos aprendiendo a afrontar situaciones que pueden impactarnos. Lo importante es buscar siempre diferentes caminos que podamos seguir. En el caso de las personas que piensan que no son capaces de amar y las que piensan que no son lo suficientemente buenas para ser amadas, estas personas suelen decir que de ninguna manera pueden permanecer en la relación, y empiezan a pensar que todo el problema es de ella. Que son personas difíciles de amar.

Necesitamos entender algo muy importante, actualmente vivimos en un momento donde la gente se está ahogando en un mar de relaciones líquidas [1]. Muchas veces cuando realmente quieres tener una relación y la relación no despega, la sensación es que todo es muy superficial y que encontrar lo que buscas es casi imposible, sobre todo porque las personas entran en la relación con miles de expectativas. están tratando de sortear sus propios miedos e incluso lo logran, pensando que ahora sucederá, que sucederá, pero de repente no hay reciprocidad. Entonces surge la pregunta: ¿Soy realmente tan difícil de amar? - ¿Es posible para todos menos para mí? Y quieres algo tan simple, que parezca tan normal. Sólo quieres encontrar a alguien que esté contigo y no puedes, por eso es natural preguntar: - ¿Qué me pasa?

---

[1] Zygmunt *Bauman* fue un filósofo, sociólogo, profesor y escritor polaco. Bauman utiliza la idea de fluidez, la calidad de los líquidos y gases, para hacer una metáfora del momento histórico que vivimos. En tiempos de liquidez, las relaciones se vuelven cada vez menos sólidas y estables. Estamos experimentando cambios en las instituciones, la política y las identidades.

Y esto es independientemente de dónde la persona comienza la relación, incluso en los círculos religiosos, donde los líderes a menudo practican el favoritismo o piensan que saben quién es mejor para quién. Luego manipulan las relaciones de los jóvenes de buena fe, que desean practicar la obediencia a sus padres, a los líderes religiosos y especialmente a Dios. Pero la cuestión es que cuando una persona fracasa muy seguido en relaciones que tenían todo para salir bien, da la sensación de que: "¡Ah! No soy lo suficientemente buena, necesito cambiar algo de mí", piensa que el problema es ella y empieza a culparse. La gente piensa que es fea, que es estúpida, que no es interesante y empieza a reflexionar sobre problemas que no existen.

La verdad es triste, porque este tipo de pensamiento hace que las personas se alejen de lo principal que es su verdad, la esencia que tienen, esta idea de que hay que mejorar y cambiar para encajar en algún lugar está más extendida en el momento actual. donde todo parece funcionar para todos menos para ti, pero créeme, no es real. Cuando una persona te deja, cuando alguien no quiere seguir adelante en una relación contigo, si alguien te deja, si alguien se va, eso dice más de esa persona que de ti. En algunos casos es gran parte de nuestra responsabilidad y tal vez estemos cometiendo errores, independientemente de eso todos siempre necesitamos mejorar. Ni tú, ni yo, ni nadie podemos dejar de evolucionar. No puedes vivir pensando que eres perfecto o siendo siempre víctima de la situación, pensando que siempre es la otra persona la que se equivoca y tú siempre tienes la razón. Una persona que piensa que nunca comete errores en realidad tiene dificultades para enfrentar sus problemas, no tiene los recursos para afrontar sus dificultades, por lo que esta persona se esconde detrás de esta arrogancia. Porque en una relación nunca es solo uno, así que sea cual sea la situación, ya sea que vaya bien o mal, no siempre es el otro y siempre ambos.

No podemos olvidar algo muy importante, sea cual sea la relación, todas las personas que llegan a nuestra vida dejan un poco de sí y se llevan un poco de nosotros. Siempre aprendemos algo en las relaciones, sea cual sea la relación, él enseñó algo, dio algo, dejó una lección, dio una experiencia, nos dio dirección, nos mostró algo que necesitábamos. Las personas que entran en nuestra vida y las personas que la salen, entran y salen por una razón. Así que siempre habrá preguntas de ella y siempre habrá preguntas tuyas. Lo más importante es que sepas lo que buscas, porque muchas veces la persona no se detiene a pensar en lo que realmente busca, entonces se convierte en rehén de su propia carencia, de las exigencias que la gente le hace. ellos, que tienen que tener una relación, entonces ella encuentra la infelicidad en persona y respira con un aire de misión cumplida como: "- ¡Ah! al menos estoy en una relación, o - ¡Ah! Pero ella es bonita y todo eso". Lo más importante es tener en consideración cuáles son los puntos principales de lo que buscas.

Cuando consideres y observes más detenidamente a quién dejas entrar en tu vida, esto te ayudará a no perder el tiempo por nada, también evitará que seas rehén de estos agujeros existenciales. Porque muchas veces, es posible que te conectes con alguien a través de la idealización proyectiva, te conectes a través de la química física, te conectes a través de la temporada, te conectes a través del partido de fútbol, te conectes a través de la ansiedad y la angustia que esta persona te causa, te estás conectando por el honor que tienes, que necesitas conquistar a esta persona, que esta persona tiene que estar contigo, te estás conectando por la dificultad que te causa esta persona o el desafío que representa . Todas estas son razones equivocadas para conectar con alguien, para tener una conexión verdadera, necesitas conectar con la ligereza que la persona trae a tu vida, con la posibilidad de construir algo juntos, con el potencial que encierra la relación y que Le impide perder el tiempo, le impide agotarse, le impide invertir en algo que probablemente le llevará mucho más lejos en la relación. Éste debería ser el estándar relacional que todas las personas deberían cultivar.

Cuantas veces tienes el mismo patrón y no te paras a pensar, es muy común que la imagen sea la postal, la persona se concentra en la apariencia y se olvida de los demás puntos que son cruciales, entonces la persona se queja de que las relaciones son superficiales y líquidas, pero también lo alaba, también busca y se acerca a las personas basándose exclusivamente en su apariencia. ¿Es importante la apariencia? Sí, seríamos hipócritas si dijéramos que no, pero no es lo que provocará la conexión real y no permanecerás en una relación por mucho tiempo solo por la apariencia. La mayoría de las veces los hombres suelen cometer más desequilibrios porque son más visuales que las mujeres. Esto es una cuestión de la estructura mental de hombres y mujeres, los hombres son más visuales y las mujeres son más sensacionales. Hombres ellos son más imágenes y se sienten más atraídas por las imágenes y las apariencias, mientras que las mujeres Les gustan más los sonidos y, por eso, les atrae una buena charla, una buena conversación. Es en la conversación donde las mujeres sienten una sensación de seguridad. Algunos hombres, sabiendo esto, seducen a la mujer diciéndole todo lo que ella quiere escuchar, entonces ella se siente involucrada, tiene la sensación de sentirse amada, involucrada y acogida y de repente este hombre, cuando siente que ha conquistado, comienza a cambiar. , o mejor dicho será él mismo, es decir, se aleja, provocando en la mujer un sentimiento de inseguridad, un sentimiento de traición, de haber sido explotada, utilizada y esto crea una herida gigantesca, tanto en la autoestima de la mujer como en su confianza en sí misma, esto inflama el sentimiento de abandono y rechazo y es muy doloroso, porque esta mujer crea un conflicto existencial gigante, entre quién es este hombre y quién es el que conocí, por lo que muchas veces no sabe si odia a éste, o si ama a aquel. Acabará llegando a la inevitable conclusión de que se enamoró de alguien que nunca existió. Y este dolor es tremendo, el duelo es arduo y a veces esto sucede en un corto período de tiempo, en relaciones que duran 6 meses. Esto es más triste cuando sucede en el mundo religioso con conductas más tradicionales, intentan hacer todo bien, se dejan guiar, sus padres y pastores dan consejos y orientaciones, ambos parecen aceptarlo, pero después de 6 meses de convivencia, la relación muere. un compromiso vacío de estar juntos para siempre.

En estos momentos el mundo está muy necesitado, precisamente por las relaciones líquidas, por la superficialidad relacional, por la manera cosificada que la gente siente, ante todo, por las redes sociales, por la forma en que se adora y popularizan las imágenes, los seres humanos. Nunca he tenido la sensación carnal tan pinchada y estimulada como ahora, por eso hay muy poco espacio para lo más consistente y profundo, que son las conversaciones reales, las conexiones, los intercambios, la complicidad, la mirada. Dejemos que los expertos digan lo que quieran, pero lo que sostiene una relación es el intercambio, la conversación, el sentimiento de acogida, el sentimiento de apoyo, el compartir. Hubo un momento en el que parecía que estábamos en el camino correcto, cuando las mujeres conquistaban su lugar, parecía que no había otra salida en las relaciones que el amor y la complicidad. Pero lamentablemente estamos viendo una generación donde el amor y la complicidad son muy escasos, porque la gente salta de relación en relación, y esta libertad relacional se está popularizando cada vez más de manera que las relaciones hacen que las personas se sientan cada vez más necesitadas, y esta falta es cada vez más frecuente, la gente está realmente muy necesitada.

Entonces, al mismo tiempo que las personas salen con miles de otras personas, van cayendo en un agujero sin fin, se van deprimiendo, ansiosas, angustiadas y frágiles al punto que cuando encuentran a alguien que se da cuenta de esta vulnerabilidad, se involucran, aunque saben que tiene todo para no ser real, por eso cada día vemos más estafadores especializados en el ámbito de las relaciones, tanto hombres como mujeres son literalmente robados y engañados con la ayuda de la Internet, manteniendo la esperanza de tener lo que quieren, la persona cree y se entrega, aún sin haber tenido ningún contacto físico, a veces ni siquiera escucha la voz del otro lado, aun así cuando todo se descubre la persona se ve utilizada, se ven heridos y con pérdidas económicas agravantes.

Pero con tanta carencia expuesta, ¿cómo podemos saber si estamos experimentando algo real?

en este universo virtual intensificado. Las herramientas de conversación y visibilidad son virtuales, y las infinitas posibilidades de contacto son absurdas, hay miles y miles de personas sin fronteras, por eso es muy fácil engañarse, es muy difícil no caer en una trampa relacional. Debido a estas herramientas, es un riesgo que todos estamos asumiendo en todo momento y en todas las categorías de relaciones. Ya nadie vive sin hablar por WhatsApp (redes sociales directas) y nadie se da cuenta de cuánto esto genera *"engagement"*, sin conocer realmente a la persona, por eso hay personas que llevan mucho tiempo, meses, años y nunca hablando con otros. se han visto, y ni siquiera tienen esta conciencia porque les falta mucho, sino porque esta conciencia es difícil de despertar, porque las conversaciones, las conexiones incluso con amigos, con familiares han sido a través de grupos de WhatsApp, Facebook e Instagram y solo eso. Objeto de distracción, se ve involucrada, lo disfruta, piensa, planifica, cree e intercambiar ideas, le cuenta su vida a una persona que no sabe nada de su historia personal, ni siquiera sabe si la persona es real. Esta persona del otro lado podría ser alguien que no puede interactuar en el mundo real o alguien que estaba dispuesto a realizar estafas virtuales, alguien que descubrió en ella la carencia y en esta pandemia de soledad la posibilidad de ganar dinero fácil engañando a las personas. Se trata de una nueva modalidad en el mundo de los estafadores que ni siquiera el sistema de justicia está preparado para afrontar, y mucho menos las víctimas.

Hoy en día también tenemos compulsivos modernos, personas con problemas muy graves, como los compulsivos con la pornografía, que nunca han sido tan común como hoy en día, también tenemos los compulsivos con los juegos, con los videojuegos y nosotros. Tienen quienes son compulsivos con el coqueteo, las conquistas, el enamoramiento, pero todo virtual, hay personas que conquistan a una persona tras otra, recopilan sus logros y hasta crean listas de difusión en WhatsApp, crean automatizaciones enviando mensajes al mismo tiempo a todas las personas que desean conquistar, para que estas se sientan únicas y queridas. Entonces envían cadenas de buenos días, preguntan cómo se siente la persona hoy, etc.; aquellas personas detrás de la pantalla cuando reciben esos mensajes se sienten únicas y amadas, pero la realidad es muy diferente, seguramente existen 100, 200, tal vez incluso más de 300 personas que reciben este mismo mensaje periódicamente, lo interesante es que muchas de estas personas que reciben el mensaje piensan: "- Se intereso por mí. ¿porque me envía mensaje?" Pero, por otro lado, es alguien que está experimentando esa nueva sensación de la compulsión por las conquistas virtuales, o como ya hemos dicho, podría ser un estafador virtual que busca presas fáciles. Por eso, es importante para nosotros no apegarnos a los hechos virtuales. Esté siempre alerta, si la persona está interesada, si ha despertado interés en ella, entonces es momento de apegarse a la conexión real, ver a la persona, sentir si la persona es quien dice ser, pero en una conversación real, sepa quién es la persona, de dónde viene, fuera de la relación virtual, piense primero antes de concretizar una reunión.

No podemos olvidar que al encontrarnos con alguien que nunca hemos conocido y no sabemos exactamente de dónde viene, tenemos que tener mucho cuidado, porque aquí también podemos caer en trampas peligrosas.

Este problema de las relaciones virtuales ha alimentado una soledad o no soledad que confunde las emociones de las personas. Lo que hay que entender es que lo virtual no alimenta ni nutre las necesidades humanas de relaciones. Lo virtual estimula y provoca, pero la nutrición que un ser humano necesita obtener viene de las relaciones de contacto, del ojo a ojo, de la validación, de saber que toda la información que la persona dio en lo virtual tiene algún sentido, que hay una verdad en eso. Recordando que cuando hablamos de contacto real no estamos haciendo ninguna referencia a las relaciones sexuales, las relaciones sexuales son parte de una relación y pueden fortalecer los vínculos entre las personas, especialmente si entran en la historia en un momento adecuado.

Conocernos, escucharnos de verdad, saber lo que cada uno espera de una relación es lo que nutrirá nuestras emociones y sentimientos, esto es lo que generará una verdadera conexión, si ya decíamos durante mucho tiempo que la falta de diálogo estaba destruyendo las relaciones entre dos personas, y provocando el fin de muchos matrimonios, ahora la falta de diálogo no permite ni siquiera comenzar una relación real. Se suponía que íbamos a mejorar con las herramientas que hoy tenemos disponibles, más el orgullo de pensar que somos perfectos y la incapacidad que tenemos para aceptar a aquellos que no piensan igual y que no quieren las mismas cosas que nosotros, nos encierra en este tiempo líquido que vivimos, esta es una característica de las relaciones virtuales que empiezan y terminan sin encontrarse en la vida real. Hay personas que están viviendo rechazos virtuales como si fueran reales, así es, pero tratemos el rechazo como rechazo sin importar cómo haya sucedido; a veces nuestro sentimiento de rechazo no tiene nada que ver con la situación actual; cuando hablamos de rechazo primero debemos entender que:

En primer lugar, el rechazo duele más que el dolor físico. Ser rechazado es muy difícil, todos nuestros sentimientos son válidos y legítimos, a diferencia de lo que a veces se dice en la infancia: "Deja de llorar"; "No necesitas sentirte así" o "No tienes por qué sentirte así", olvídate de eso, cada sentimiento que tienes es válido y necesitas saber cómo afrontarlo, De nada sirve querer seguir estrategias o 5, 6, 7… pasos para no sufrir, nada de esto te sacará del pecho lo que sientes, entiendes que estos sentimientos son naturales y espontáneos y eso es lo que realmente sentimos cuando tenemos nuestros deseos frustrados, esto sucede en todos los ámbitos de la vida, pero en el caso de una relación de pareja, cuando esa persona que queríamos y esperábamos, en lo que confiábamos, en lo que imaginamos, no cumple con nuestras expectativas y entonces se abren todas las heridas del rechazo, heridas del pasado que realmente no estaban cerradas.

Segunda pregunta, por favor, entiende, lo que voy a decir aquí no es menospreciar o disminuir lo que estás sintiendo, sino decirte que siempre es bueno recordar que no estás solo, todos nosotros, ¡todos! sin excepción, hemos experimentado y experimentaremos este sentimiento, porque no podremos ganar todas las peleas, no podremos recibir reconocimiento, nuestros sentimientos no siempre serán correspondidos, y esto no sucede porque seamos malos o porque no seamos lo suficientemente buenos, no seamos interesantes o inteligentes ¡No es eso! Eso no es todo. Esto sucederá porque cada uno de nosotros estamos viviendo un momento, cada uno de nosotros tiene una búsqueda y cada uno de nosotros tiene diferentes recursos internos, recursos que provienen de nuestras experiencias de vida que no tienen nada que ver con la persona que está a nuestro lado. También tenemos fases en la vida, tal vez la persona que conociste esté pasando por una fase diferente a la tuya y no esté en condiciones de ver tu valor, por lo que no estará interesada en ti de todos modos, a ella no le gustará tu forma de ser, no valorará las cosas en las que crees, no valorará tus capacidades y eso es cosa de su ser interior, se trata de lo que ella piensa y no necesariamente quiere decir que sea real. ¡Pero ahora hablemos más seriamente! No puedes vivir dependiendo de lo que otra persona piense de ti, gastando tu energía pensando que, si te reconoce y valora, ¿es legal? Sí, por supuesto que lo es, pero pasar toda la vida buscando validación externa para sentirse persona, para estar bien, es una receta de pastel que no existe, eres tú quien tiene que saber quién eres, reconocer tus defectos y tus capacidades y decidir qué se debe mejorar o no, si estás en el momento de cambiar algo o necesitas más tiempo, tienes que mirarte a ti mismo, comprenderte, evaluarte y no dejar que otros hagan el trabajo por ti. Eres tú quien tiene que saber si estás en un buen momento, si puedes mejorar algo, eso tiene que venir de ti, hay una realidad que debemos tomar en consideración, es que la mayoría de las personas que viven dándote el sentimiento de rechazo, son personas que nunca se detienen a saber quiénes son realmente, estas personas viven abandonadas por sí mismas, nunca han tenido un encuentro con ellos, entonces en realidad no se han abandonado, simplemente no se conocen, no saben quiénes son, en esta situación, la terapia puede ayudar mucho.

Otra cosa que todo esto te lleva a comprender es que a veces, realmente no estás preparado o preparada para atraer ese estándar de persona que tanto deseas. Por ejemplo, a veces sueñas mucho con un chico "X" o una mujer "X", luego conoces a esta persona que crees que es exactamente lo que estás buscando, pero esa persona no busca a alguien como tú, o la persona no está lista para ti o tú no estás listo para ella. Si consideramos, que solemos ver en los demás lo que hay dentro de nosotros, entonces si no existe en mí, no lo veo en ti, la cuestión es que esto es cierto, así que muchas veces estarás frente a la persona que buscas, pero como no estás preparado, esta persona te pasará desapercibida, y experimentarás algunas situaciones extremadamente prometedoras, pero la inexperiencia te pasará por alto o viceversa. En otras palabras, la otra persona te extrañará y no lo verá, porque no está preparada. Entonces, a veces puedes ser la persona más increíble del mundo, puedes ser hermosa, increíble, inteligente, interesante y la persona no estará interesada en ti. La persona puede no estar interesada en ti, porque no está preparada para ti, porque tiene miedo, o porque no quiere salir de la situación en la que se encuentra, no quiere salir de la zona conocida, que por ellos es su lugar seguro. Esta persona puede no ver el valor que hay en ti, porque no tiene los recursos para hacerlo, puede estar en un momento de ceguera, puede estar intoxicado por otra relación, puede tener un trauma, un trauma en el que está atrapado. En él, esta persona podría ser alguien que simplemente no está interesado en ti, porque tienes algo que moviliza en él un punto en el que aún no ha trabajado, hay tantas razones. Es que, por ejemplo: "Me gusta el mango normal, ese lleno de pelusa que sólo encuentro en mi país". Pero hay gente que lo odia, pero eso no le quita valor al mango común para mí.

Lo que quiero decirte es que todo el mundo tiene cientos de preguntas internas, que harán que esa persona tenga una percepción específica sobre algo. Así que no te definas por el rechazo. No te aísles, sólo porque alguien desapareció, o no te respondió, o ya no te quiso, no significa que tengas la culpa de esto, es mucho más grande que eso. La opinión de los demás sobre mí no me define, tienes que encontrarte en tu propia definición y no en la definición o rechazo de los demás. Comprender esto no nos hace perfectos, nos hace realistas, nos hace conscientes de quiénes somos. Uno de los mayores problemas de la vida es cuando no tenemos percepción de nosotros mismos. Entonces, cuando el otro dice algo que encaja con nuestra sombra, lo abrazamos y listo, dejamos que nos lleve al fondo. Necesitamos descubrir quiénes somos para que esto no suceda. El camino hacia el autoconocimiento a veces parece un laberinto, pero todo el mundo tiene que atravesar este laberinto.

Es necesario entender quiénes somos, para que ya no te defina nadie. Influenciados, siempre estaremos, pero no definidos, tú eres quien te define. Hay una conversación tonta, que terminó convirtiéndose en una regla en las relaciones, y esto sucede en todas partes, incluso en el mundo religioso, en relación a este tema, todo sucede en el más profundo secreto. A veces incluso se crea cierta complicidad entre las parejas, porque están juntas en esto. Me refiero a tener relaciones sexuales o no, ya sea en la primera cita o antes del matrimonio. Necesito traer este tema aquí y de esta manera para que pueda ser entendido por todos. Colocar el sexo como punto central de una relación entre dos ya es una inmadurez infinita. La persona que cree que necesita tener relaciones con su pareja para que la relación funcione, para que la relación se vuelva seria es víctima de la ilusión creada por ella misma. Esto es una inmadurez gigantesca, porque si la persona te admira, te respeta, esperará todo el tiempo que necesites. Lo interesante es que he trabajado con parejas y no era solo uno, que tenía relaciones solo porque así funciona hoy en día, pero ambos no querían y no se sentían cómodos, esa es una regla que se ha roto. y no tiene nada que ver con la relación, el sexo es importante pero no es el punto principal para que la relación funcione. Lo principal es ser consciente de cada momento y saber lo que se quiere de la relación, sin utilizar subterfugios como el sexo. Si sigues reduciéndote, reduciéndote, salvándote, moviéndote, forzándote, jugando para conquistar a alguien o para que alguien se interese por ti, ¡olvídalo! En realidad, no estás siendo tú, es sólo un juego. Y no importa cuánto te guarde la persona, siempre te preguntarás si realmente te quiere o quiere la táctica que usaste.

Si eres tú mismo, di lo que piensas, no renuncies a lo que crees y la persona igual se va, ¡genial! Esto significa que ella iría de todos modos, si no ahora sería más tarde. Lo mejor será que duermas con la certeza de que fuiste tú, no mentiste, no fingiste ni actuaste. El otro desapareció porque no estaba en ese momento. En este caso, no sea tan tonto como para buscar justificación para el comportamiento de otra persona. A veces nos empeñamos en buscar justificaciones por falta de humildad, y renunciamos a querer estar con alguien, elegimos la soledad, también por falta de humildad.

Vivimos en una época en la que todo el mundo se cree genial. Si crees que eres increíble y cuando alguien nos deja, puede enviar un mensaje de que no eres todo eso, que no somos tan buenos como pensábamos. Necesitamos ser humildes y reconocer que a veces sí, alguien se va porque no cumplió. Esto no nos definirá, esto es simplemente algo natural, no te dejes atrapar por ello. Aprende a relajarte, mantente disponible para quien te quiera. El arma de conquista más poderosa es saber quién eres, y qué quieres de una relación, siendo consciente de tus valores morales, éticos y religiosos sin renunciar a ellos por fantasías pasajeras, que sólo tienen el potencial de quitarte energías. Hay un problema en la estructura humana, que es el hecho de que a los seres humanos les provoca el sentimiento de desafío, por eso muchas veces cuando quieren a alguien, pueden encontrar a la persona adecuada, pero si falta el desafío, falta algo. Entonces quieres a la persona, la persona te quiere a ti, tienes todo por resolver, pero de la nada automáticamente deja de ser interesante, sigues buscando la ola, la turbulencia, luego empiezas a buscar defectos, esto es inmadurez emocional, eso es la dificultad de comprender el propósito del amor.

Porque el amor es así, el amor es sereno, el amor es maduro, el amor es constructivo, el amor es seguro, los que se quedan en esto de la turbulencia, encontrando una relación tranquila para ser tibios, son personas que no han madurado lo suficiente y no entienden el propósito del amor, que también será hacer feliz a alguien, que saltará de relación en relación y nunca será feliz con nada, siempre sentirá que le falta algo. Personas así se entregarán a la pandemia de la soledad o pensarán que no son lo suficientemente buenas y estarán rompiendo todo el tiempo, sin ceder. Esta persona necesita urgentemente trabajar en la resignificación de su internalización del amor. Lo bueno de la vida es poder estar con quienes quieren estar con nosotros, poder compartir con quienes realmente entienden nuestro valor, tener una relación de reciprocidad, de inversión mutua. Cuando entiendes lo que significa tener una relación verdadera, vives en paz, porque entiendes que una relación no es una obligación, es una elección y entonces somos libres de volar mucho más alto.

Pero hablemos de la soledad que vivimos al estar juntos ahora, un punto que hay que aclarar es la rutina, ya hemos dicho y seguiremos diciendo que la rutina es inevitable, además de ser inevitable no es el villano de las relaciones, no hay relación. sin rutina. Lo que acaba con la relación es cómo afrontas la rutina. Puedes mejorar tu rutina para no caer en la trampa de la soledad si vives solo. Puedes aumentar tu rutina con los amigos con los que compartes habitación en la universidad para no caer en la soledad y el aislamiento, puedes aumentar tu rutina con tu pareja, tu acompañante, tu esposa, tu marido, con tus hijos creando una rutina. que tenga calidad de vida. Por lo tanto, no esperes la iniciativa de otra persona, no esperes a que las personas que te rodean adivinen lo que estás pensando o lo que quieres de ellos.

Incluya cosas en la rutina de su relación que sean buenas para la relación, cualquiera que sea la relación. En el caso de una relación de pareja, es importante incluir en tu rutina un momento a solas con la pareja, un momento para hablar, un momento para mirarse a los ojos. Ninguna relación que se vuelve cansada es sana, créeme, la soledad puede ser mucho más agotadora que el esfuerzo por conocerte mejor a ti mismo, buscar el autoconocimiento, ejercitar la empatía, el deseo de comprender a los demás. Sé la compañía perfecta, sé para los demás lo que quieres que sean para ti. Si te das cuenta de que te estás aislando, que estás teniendo dificultades en las relaciones en la vida real, en el trabajo, con los amigos, que te has aislado de tu familia, que estás evitando acercarte a las personas sin tener una razón racional para hacerlo. así que busca ayuda.

Es raro que alguien busque ayuda cuando se da cuenta de que las cosas no van muy bien, normalmente las personas buscan terapia cuando ya no tienen control sobre la situación. La persona es infeliz, está deprimida, tiene un ataque de ansiedad o cuando algo le ha estallado, engañó a su pareja, golpeó a su mejor amigo en la cara, maldijo a su jefe, pateó al perro, etc. Es curioso que esto les pase principalmente a personas que piensan que lo tienen todo bajo control, que saben cómo cuidar de sus propias vidas, que saben lo que es mejor para ellos. Este comportamiento es el mismo de una persona que espera el cáncer para poder dejar de fumar, este ejemplo es cruel, pero es cierto.

Volviendo al tema del rechazo, hay personas hundidas en la soledad porque no han resuelto un problema de rechazo que tuvieron en la infancia, o en el pasado, entonces por miedo al rechazo esta persona comienza a rechazar a todos los que la rodean, antes que a alguien. los demás los rechazan. Entonces en una relación de pareja rechazarás a la otra persona, aunque te guste, ¿y por qué? Simplemente por el miedo absurdo de que ella nos haga esto primero, esto da la sensación de fantasía de que estamos controlando la situación. Pero la mayor fantasía es pensar que así se evitará el sufrimiento.

Quedarse atrás, no ser recordado, no ser invitado, no ser aceptado son situaciones normales de la vida cotidiana. Esto provoca un sentimiento que molesta a cualquiera, pero sinceramente la mayor dificultad que tenemos es lidiar con nuestro orgullo, pensar que los demás están obligados a querernos cerca, que nuestra presencia es indispensable y que no tiene sentido decir Si nunca pensaste así. eso, la sensación de malestar que tienes demuestra que esto está en tu inconsciente. Situaciones como ésta tienen el potencial de demostrar que no somos tan buenos como nos gustaría ser. Evitar a las personas y elegir estar solo no es una solución, todo lo contrario, sólo empeora las cosas, esta actitud crea muchos otros problemas, empiezas a creer en todo lo que respalda tu tesis de que las relaciones no valen la pena, incluso terminas Creer más fácilmente en teorías de conspiración. Esto es real, hay una investigación reciente solicitada por Alemania sobre el tema de la soledad que habla de cómo una persona que vive y se siente sola, se vuelve vulnerable y comienza a creer en teorías conspirativas con mayor facilidad. [2]El estudio es un estudio encargado por Alemania con intereses políticos, pero el tema forma parte de una nueva realidad que está presente no sólo en Europa. El propio estudio cita la ruptura de la familia como uno de los principales problemas en las relaciones de las personas y en consecuencia el aumento de la soledad, lo que trae problemas mucho más graves, con daños mucho mayores para quien decide aislarse, quien evita y huye. de las relaciones.

"No es bueno que nadie esté solo".
Parafraseando la Biblia

Miren que curioso, antes de concluir este capítulo, vi a una pareja que lleva 2 años de novios y por segunda vez, el chico quiere cambiar la fecha de la boda. La chica a la que llamaré Sabine aquí me preparó un paquete de 10 sesiones de prevención del estrés que suelo ofrecer en verano aquí en Alemania y le pidió que viniera con ella y hablara conmigo, aunque fuera solo una vez. Cambié sus nombres, pero ambos me dieron permiso para hablar de ellos en mi libro. De todos modos, durante la sesión pedí hablar con él a solas, porque sospechaba un detalle y no quería exponerlo delante de Sabine. Entonces empezó a decirme por qué le gustaría posponer la fecha de la boda, así que le hice una observación,

---

[2]https://www.demokratie-leben.de/magazin/magazin-details/studie-extrem-einsam-166

mientras él seguía hablando, contándome la situación, le dije: "- Interesante, Sabine debe estar pensando que no la quiero". Pero me estás diciendo que lo único que quieres es estar con ella, pero como te sientes inseguro y sientes que no estás preparado para cumplir con las expectativas de Sabine, has comenzado a ignorar tu propio matrimonio, estás ignorando la mayoría de los detalles. de la organización, está tratando a Sabine con frialdad. ¿Todo esto se debe a que tienes tanto miedo de ser rechazado en algún momento que estás rechazando de antemano? Entonces me respondió: - ¡Eso es lo peor! Ni siquiera me había dado cuenta, pero lo estoy haciendo.

Muchas veces en la vida la gente actuará así, o lo haremos precisamente por este sentimiento ilusorio de que tendremos el control de la situación. Muchas relaciones, compromisos, bodas, amistades e incluso trabajos. Hay personas que renuncian a su trabajo porque creen que su jefe lo hará. ¿Y por qué es eso? Porque una persona quiere tener control, y lo único que no tiene en una situación como esta es exactamente control. Necesitas creer en ti mismo, vivir el momento que la vida te ofrece ahora, lo que no significa ser imprudente, sino intentar controlar las situaciones para evitar el rechazo y el sufrimiento, sólo anticipando el dolor. Desarrollar recursos emocionales para gestionar tus relaciones y saber vivir los diferentes momentos de la vida, nada es estático e independiente de nada, siempre nos enfrentaremos a situaciones difíciles, tristes y complicadas de la vida, así como a situaciones maravillosas de amor, felicidad y compañerismo, pero si no te permites esto, sólo te quedará la otra opción: la soledad [3], y toda soledad es triste. Recordando que la soledad no es soledad [4]. Sé más transparente en tus relaciones, actuar en la vida para tener sensación de control no conduce a nada, sabes filtrar las críticas que recibes, solo tú tienes la capacidad de evaluar si las observaciones y críticas de otras personas sobre ti tienen sentido o no. Pero para que todo sea una experiencia constructiva necesitas ser honesto contigo mismo. Pensar que lo sabes todo, que el mundo está torcido y que no tienes nada que ver con él, es vivir en un cuento de hadas sin sentido, un cuento de hadas sin emociones.

Abre el juego contigo mismo, quizás lo que más críticas de las demás personas es precisamente sus características más fuertes, pero como no vives contigo mismo nunca te diste cuenta. Hay muchas personas que pasan largas temporadas solas, pero no consigo mismas, tienen que tener siempre la televisión encendida, el móvil en la mano, porque no

---

[3] Soledad: aislamiento, soledad, exilio, incomunicación, retirada, retraimiento, aislamiento, retraimiento.

[4] La soledad **es aislamiento voluntario.** Esta expresión fue utilizada frecuentemente por el pensador Paul Tillich, quien asoció el término con la gloria y la felicidad de estar solo. En soledad somos capaces de entrar en contacto con nuestro mundo interior, ordenar nuestros pensamientos y observar el significado de nuestras emociones.

soportan su propia respiración. Incluso cuando van al baño a ducharse, debajo de la ducha ponen música tan alta que pueden oírla, pero nunca a ellos mismos. Pero son personas que critican a todos, a sus familiares, amigos, compañeros de trabajo, políticos, excepto a ellos mismos. Cuando descubras el mecanismo de todo esto, tendrás una paz enorme, desarrollarás una verdadera comprensión y empatía. ¿Por qué digo verdad? Porque todos los días entro en contacto con personas emotivas, sensibles, que lloran ante cada noticia triste y no hacen nada para mejorar el mundo.

Tener comprensión y verdadera empatía nos lleva a actitudes prácticas. Aprendamos a ser justos con nosotros mismos y con los demás. Pero eso no significa que no vayamos a dejar de seguir una calle de doble sentido, seguirás encontrando en tu camino gente dominante, gente herida, gente inmadura y puedes atraer a estas personas porque se dan cuenta de que eres diferente. pero tendrás más afinidades con personas que entendieron sus propias emociones y están en camino de ser mejores hoy, menos que mañana. Me gusta decirlo así, porque lo mejor que ayer da la sensación de meta cumplida, y evolucionar es una necesidad humana infinita. Entonces la frase correcta para esto es mejor hoy, menos que mañana, porque mañana tengo que ser mejor que hoy.

No todos pasarán por tu vida y se quedarán, ni deberían hacerlo. Cada uno tiene su propio camino a seguir, pero a medida que sus relaciones maduren, usted también sabrá cómo cultivar relaciones maduras. Sabrás escuchar y aprenderás a decir lo que sientes, si no puedes expresar tus emociones en una amistad, en una relación entre dos difícilmente tendrás una buena relación. Nadie quiere que alguien más sea la solución a nuestros miedos, inseguridades y angustias. La mayoría de las veces solo queremos ser escuchados sin tener que enfrentarnos a miradas acusatorias o argumentos egoístas de quienes creen tener una solución fácil para todo. Crecer cada día no es volverse perfecto. Crecer cada día significa reconocer nuestra imperfección y buscar la mejor manera de vivir con nosotros mismos y con los demás, reconociendo nuestras fortalezas y debilidades. Ser cada día mejor es ser humano, ser la persona que queremos a nuestro lado, ser el cambio que queremos ver en el mundo.

El pilar de apoyo a las relaciones

Lo cierto es que las relaciones se sustentan en un pilar, al igual que nuestras emociones, decisiones y sentimientos. ¿Pero qué pilar es este? Para que podamos entender mejor esta analogía con la estructura de las construcciones arquitectónicas, entendamos aquí la diferencia entre columna y pilar de una forma muy sencilla.

¿Qué es un pilar y cuál es la diferencia entre pilar y columna?

Primero hay que entender que un pilar no es una columna, el pilar es un elemento constructivo vertical más. Mientras que la columna sostiene principalmente paredes y techo, el pilar se encarga de ofrecer soporte a toda la estructura. El pilar también puede denominarse columna de soporte, pero básicamente, el pilar es un tipo de columna simple, utilizada verticalmente para soportar toda la estructura. La columna en sí sólo sostiene las paredes y el techo del edificio.[5]

Y ahora entendamos qué es una relación, que también puede interpretarse como vínculo, conexión.

---

[5] David Suppes, 17 de diciembre de 2018 (Quelle: https://www.suppes.de/saeulen-die-architektonische-allzweckwaffe/) – (Fuente-Brasil: https://www.Versatilandaimes.com.br/blog/diferenca -entre-columna-pilar-viga-y-losa)

¿Cómo me conecto con las personas que me rodean? Cuánto cariño le doy a mis relaciones. Las relaciones que construyes a tu alrededor tienen diferentes niveles de afecto, es el sentimiento compartido entre personas que se unen con los mismos objetivos e intereses.

Independientemente del tipo de relación, implica convivencia, comunicación y actitudes que deben ser recíprocas. Cuando una de las partes no desarrolla los atributos necesarios para la buena convivencia, la relación se vuelve difícil de tolerar, recordando que por muy buena que sea una relación es necesario tener aceptación y aceptar en el otro lo que creemos que es posible. el cambio, la comprensión y la tolerancia son necesarios. No olvides que no importa la relación, ya sea familiar, sentimental, política, pedagógica, religiosa, económica o laboral, toda buena relación se desarrolla cuando hay confianza, empatía, respeto y armonía entre los involucrados. ¿Pero cómo se logra esto? Primero debemos aprender a utilizar correctamente la palabra "relación", estamos acostumbrados a referir la palabra "relación" a las relaciones amorosas. Por ejemplo, cuando alguien dice: Mi relación no va bien. Cuando alguien dice esto, automáticamente sabemos que está hablando de su pareja, su esposa o esposo, su novio o novia, pero nunca de su jefe, su amigo, un familiar, el sacerdote o pastor de la iglesia a la que asiste. Sin embargo, el término puede referirse a cualquier tipo de relación que exista entre dos o más personas e incluso la relación que tienes con tus emociones, esta relación se puede medir mediante el autoconocimiento.

Una vez definida la cuestión de la analogía que usaremos aquí de "Un Pilar" y el alcance de la palabra "Relación", vayamos a lo que realmente importa. ¿Cuál es el pilar que sustenta las relaciones humanas, cualesquiera que sean?

DECISIÓN

La decisión es el pilar de apoyo de todas y cada una de las relaciones. Puedes decirme que para decidir hay que querer, ¡sí tienes razón! Pero no olvides que, para quererlo, además de saber lo que quieres, tienes que decidir que realmente lo quieres. En este punto dejas de centrarte en lo que no quieres y empiezas a trabajar tu energía para conseguir lo que realmente quieres. Su decisión tiene la elección como producto final. La decisión es cuando aceptas la elección que hiciste y qué harás con esa elección. Como dice Barry Schwartz en su libro "La paradoja de la elección", informando del aterrador crecimiento de las opciones que tenemos en este nuevo universo, donde la tecnología abre la puerta a un mundo de opciones prácticamente infinitas. Este nuevo mundo se ha convertido, paradójicamente, en un problema y no en una solución, pero la decisión puede salvarnos de este mundo paradójico.

Estamos decidiendo todo el tiempo, incluso cuando no decidimos. Cuando no tomamos una decisión consciente, se pone en práctica una decisión inconsciente. Nos enfrentamos a la necesidad de elegir, de decidir en todos los ámbitos de la vida: educación, carrera, amistad, sexo, relaciones románticas, crianza de los hijos, prácticas religiosas y consumo en general. La humanidad pasa de una decisión a otra, ya sea consciente o no. Ni tú, ni yo, ni nadie damos un solo paso sin tener que decidir. Necesitamos entender que "Nuestra Decisión" es un superpoder que tenemos y debemos saber utilizarlo, nuestras elecciones definen nuestra calidad de vida y permiten un control real y consciente sobre nuestro destino, decidir es seguir el camino que queremos. seguir para obtener exactamente lo que queremos.

Nuestras decisiones definen nuestras relaciones. Veamos la gran interrogante entre Dios y su creación, Dios decidió crear el mundo y finalmente decidió crear seres humanos masculinos y femeninos con poder de decisión. Porque quería tener una relación con seres similares a Él, pudo haber hecho a los seres humanos primero, pero lo dejó para el final, pues conocía las consecuencias que implicaba crear a alguien con poder de decisión, y a Dios como Creador de. La humanidad tenía que saber qué hacer si su creación tomaba decisiones equivocadas. Y desde el principio, haciendo uso de su poder de decisión, los dos primeros seres humanos tomaron decisiones equivocadas y mal pensadas, lo que desencadenó una serie de consecuencias para ellos mismos. Quienes conocen la historia de la civilización a través del creacionismo saben muy bien que empezamos muy mal en el ámbito del comportamiento, en la capacidad de analizar los pros y los contras y sobre todo de analizar las posibles consecuencias. La verdad es que no estaban preparados ni para decidir ni para las consecuencias de sus decisiones. Si el Creador no los hubiera ayudado, la historia de la creación habría terminado cuando comenzó.

Volviendo a la cuestión de la decisión de Dios según la creencia cristiana y otras religiones monoteístas que creen en el inicio de la raza humana en la figura de Adán y Eva, Dios conocía los riesgos de darles el poder de decisión, por eso desde el principio Él ya tenía un plan para rescatar a la humanidad de las consecuencias de sus decisiones equivocadas, pero para que esto sucediera, Dios también necesitaba decidir las bases de su relación con su criatura y eligió el amor, porque Él era el amor mismo, por eso decidió amar a la humanidad, amar a su creación no por sus buenas acciones, sino porque decidió el amor y listo, con esto, Dios no sólo estaba listo para amar sin importar las decisiones que tomara su creación, sino que también estaba preparado para las consecuencias. Dios, dentro de su carácter, abrió caminos para que el hombre pudiera llegar a Él, sin tener que renunciar a su amor, y todo ello basado en un único pilar, el pilar de la DECISIÓN.

Para tomar una decisión necesitamos saber lo que queremos, y como dije antes, o decides tú o las circunstancias y la situación decidirán por ti; cuando sepas lo que quieres será más fácil definir tus relaciones, sean cuales sean, tú decides dentro de tu carácter los límites de tus relaciones, los límites son claros ¿sabes hasta dónde puede llegar alguien que quiere estar a tu lado, sin perder el privilegio de una relación cercana contigo? Una de las cosas más encantadoras de la Biblia son los dos mandamientos más importantes: amar a Dios sobre todas las cosas y amar a tu prójimo como a ti mismo.

Entonces llegamos a un punto importante en nuestras decisiones, tu amor por ti mismo tiene que ser real, porque sin él es imposible continuar, pero ¿qué pasa con el primer mandamiento? Especialmente si no crees en Dios, o en un ser superior a ti, sencillo, seas quien seas, sean cuales sean tus fundamentos intelectuales, ¡no importa ¡Sabes que no apareciste en la tierra por nada, hay algo más, aunque intentes ignorarlo!

Puedes decir: - Por supuesto que no salí de la nada, mi madre y mi padre tuvieron algo que ver en eso. ¡Sí, tienes razón ¡y si vamos a hablar de esto, vamos a la interminable discusión de quién fue primero, el huevo o la gallina. Pero ese no es nuestro objetivo aquí, porque si lo fuera desenfocaríamos nuestras relaciones y volveríamos al principio de todo. La cuestión es que, si te amas a ti mismo, el amor por la fuente de la que fuiste tomado es automático, aunque sea inconsciente, por eso en mi libro "¿Quién eres realmente?" Dedico un capítulo entero a ayudarte a descubrir tu fuente de energía, porque nadie se alimenta solo. Siempre existe algo que alimente y recargue tus fuerzas, que esté por encima de este mundo material, que sea capaz de restaurar la fuerza de tu alma sin tener ninguna relación con el mundo material, con lo que puedas conectar cuando respiras y cuando te tomas tu tiempo libre, "silencio interior".

Volviendo a la herramienta del "Pilar Único", que es el poder de decisión de "querer", cuando usas el poder de decisión lo cambias todo. Nunca más vuelves a decir "no puedo", porque sabes y eres consciente de que antes de hacer esta afirmación necesitas saber lo que quieres; el "no puedo" genera una deuda emocional en cada situación y podemos presentar miles de ellas, esta frase puede ser sustituida por la realidad, que es: "no quiero".

Cuando decides que quieres algo, tienes el poder de crear recursos para lograrlo y nada es imposible. No estamos hablando de lo sobrenatural, ni de pensamientos positivos y negativos, porque los pensamientos empiezan a producirse de acuerdo con tus decisiones, ya sea que te estorben o te ayuden, tendrás que aprender a lidiar con ellos en el viaje. El método "Un Pilar" le ayuda a mantenerse centrado en la meta, en su decisión, porque apoyará todos los demás muros emocionales; de nada sirve pintar las paredes de tus emociones con colores bonitos y decorativos si "El Pilar" que sostiene toda tu estructura emocional no es seguro y está bien estructurado para soportar vientos y terremotos.

Decide qué quieres de tus relaciones, decide con quién quieres tener una relación y cómo quieres que evolucione esa relación, ¿qué quieres dar y qué esperas recibir?, ¿qué harás si no recibes lo que esperas? y qué harás si no le das a la otra persona lo que espera de ti en la relación? ¿Qué acción tomarás si te das cuenta de que la relación va por un camino poco saludable? Es que aquí estamos hablando de todas las relaciones, relaciones familiares, afectivas, políticas, pedagógicas, religiosas, económicas y laborales, etc.

Las relaciones son así

No importa el tipo de relación y no tiene sentido decir que no fue así en el pasado, ¡porque eso no es cierto! Solía ser mucho peor. Quienes más sufrieron en el pasado y en silencio fueron las mujeres, los niños y los sin poder, es decir, las clases menos favorecidas, es decir todos, incluidos los hombres. No tenemos idea de las humillaciones que sufrieron nuestros antepasados que muchas veces se sometieron a ellas para garantizar alimento y refugio a su familia. En ningún momento de la historia de la humanidad nadie ha quedado fuera de la lista de personas que son maltratadas. Hay quienes más sufren, hay quienes saben defenderse y hay quienes sufren menos en una situación y más en otra. La verdad es siempre la misma, nos tratamos muy mal; ser mal tratado o tratar mal a los demás dependerá de la posición en la que se encuentre cada persona en ese momento, y principalmente de sus valores morales, éticos y religiosos. ¿Ha cambiado todo esto? Antiguamente nadie tenía acceso a lo que pasaba en las relaciones privadas, dentro de la casa de cada quien, incluso podían saber de malos tratos, pero nadie decía nada. Pocas personas tuvieron el coraje de luchar contra el maltrato, la violencia emocional y física se daba en todas las clases sociales. Las mujeres y los niños sufrían en silencio y no tenían a quién pedir ayuda, los malos tratos y los excesos eran aceptados por la sociedad. Cuando surgió el divorcio, las mujeres divorciadas sufrieron acoso moral por parte de la familia y la sociedad.

Hoy sabemos e imaginamos muchas cosas, pero creamos otras sin resolver las que antes ya teníamos. Los excesos y el radicalismo sólo han empeorado las relaciones. Nos necesitamos, pero nos tratamos mal, utilizamos las relaciones para favorecer nuestros intereses y los de quienes pertenecen a nuestro ciclo de amistad. Si fuéramos sinceros y tuviéramos verdadera preocupación los unos por los otros, si supiéramos escuchar, analizar, comprender, entender con sinceridad, estaríamos preparados para afrontar juntos cualquier cosa, incluso con opiniones diferentes, con esto, nuestras relaciones individuales y sociales serían mucho mejores; no necesitaríamos leyes para priorizar el bien común, no necesitaríamos reglas ni el castigo de la ley, para entender que causar daño a otros no es una buena opción.

Nunca encontraremos una explicación lógica para el mal; el mal es ilógico en sí mismo, independientemente de si se practica en cualquier nivel, tratar mal a otro ser humano es hacer el mal sistemáticamente, necesitamos ser conscientes de este comportamiento, ya sea del otro hacia ti o de ti hacia el otro.

Conexiones realmente efectivas

No necesitamos estudios ni pruebas científicas para llegar a la conclusión de que las emociones están vinculadas a las acciones. – Estaba muy triste y lloré. La tristeza es una emoción y el llanto es una acción, cada emoción abarca diferentes circuitos cerebrales, es decir, estructuras específicas en el cerebro que generan diferentes reacciones y comportamientos; esta explicación tan obvia, que se encuentra en todo libro de Neurociencia para empezar a explicar algo sobre la emoción, parece ser ignorada cuando se trata de acciones externas que influyen en las emociones, no pensamos en el daño emocional que las influencias externas son capaces de causar en nosotros. Las emociones son programas de acción, coordinados por el cerebro, que gestiona los cambios en todo el cuerpo; cada emoción abarca diferentes circuitos cerebrales, es decir, estructuras específicas en el cerebro que generan diferentes reacciones y comportamientos.

¿Qué es esta excesiva tranquilidad en la que no tienes barreras sociales que se generan en tus emociones? En Neurociencia se sabe que un ser humano tiene capacidad para realizar de 50 a 150 conexiones reales efectivas, puede crear vínculos emocionales con 50 a 150 personas. No hace falta retroceder demasiado en el tiempo para saber que, desde los inicios de la civilización hasta principios del siglo XX, una persona corriente, extremadamente extrovertida y muy popular lograba tener como máximo 150 amigos y pocos de ellos tenían acceso a su rutina diaria, muy pocos sabían de quién estaba enamorada esta persona, o cuáles eran sus planes para el futuro, el de hoy si solo tienes 150 seguidores en las redes sociales eres un chiste.

Vivimos en un entorno de relaciones súper abundantes, ¿está nuestro cerebro preparado para esto? ¡No! Nuestro cerebro no fue diseñado para utilizar programas de chat que nos permitan hablar hasta con 10 personas al mismo tiempo. Al no tener esta preparación cerebral, este comportamiento nos provoca una disonancia cognitiva [6] que tiene la capacidad de catalizar la mayoría de enfermedades psiquiátricas y lo que sería una disonancia cognitiva, según el creador del término Leon Festinger, la disonancia cognitiva se produce cuando las personas necesitan darle coherencia a sus creencias cuando los hechos las contradicen. La ciencia del comportamiento trabaja con probabilidades y no con certezas, no es una fórmula matemática, así como, el gris tiene varias tonalidades y todas son grises, así las probabilidades pueden ser varias y todas son probables, por ejemplo, el DSM 5 fue creado para estandarizar los criterios de diagnóstico de los trastornos que afectan la mente y las emociones.

---

[6] El término fue creado por el psicólogo social estadounidense Leon Festinger.

Un psiquiatra puede utilizar el DSM 5 y llegar a un diagnóstico, pero nunca podrá decir que el problema encontrado es 100 por ciento seguro, porque no hay certeza cuando el tema es el comportamiento y las emociones. La ciencia médica de la psiquiatría no es objetiva, no es como una infección que cuando se encuentra es cien por ciento segura, una vez que se encuentra el problema, solo hay que ver qué está causando la infección y tratarlo. DSM 5 [7] es el acrónimo de "Manual Diagnóstico y Estadístico de los Trastornos Mentales", en portugués "Manual Diagnóstico e Estadístico de Trastornos Mentáis". Funciona con probabilidad, a través del DSM 5 se puede encontrar el diagnóstico de una enfermedad mental y tratarla, pero un problema mental nunca llega solo. Éste es un dilema que la ciencia médica psiquiátrica no puede resolver. ¿Por qué estamos hablando de esto? Pronto lo entenderás.

La psiquiatría deja muchas lagunas y es en ellas donde entran otras líneas terapéuticas, psicoanálisis, terapia conversacional, mentoring, coaching y muchos otros; estas líneas terapéuticas trabajan con el ser humano de forma holística, no tiene sentido fijarse únicamente en el neurotransmisor que está desequilibrado y trabajar sólo sobre ese neurotransmisor. Si no trabajas tu cuerpo, mente y espíritu, no estás sano. No hay salud física sin salud mental, tu cuerpo está conectado a tu mente, y aquí

---

[7] Creado por la Asociación Estadounidense de Psiquiatría (APA)

es donde dividiremos la mente en: alma y espíritu. Tu cuerpo tiene una relación con tu alma y espíritu y esta relación existe te guste o no.

La relación de cuerpo, alma y espíritu.

Una persona puede entrar en una depresión existencial de no querer ni siquiera levantarse de la cama, el médico puede hacer una lista de pruebas y al final descubrir que la persona no tiene nada malo, el cuerpo está completamente sano. Antes cometíamos el error de decir que toda enfermedad era espiritual, hoy cometemos el error contrario, pensar que toda enfermedad es física. Sea lo que sea, ¡toma un poco de medicina! Cuesta creer que después de tanto tiempo, todavía no podamos aceptar esta relación entre cuerpo, alma y espíritu y la verdad es que vivimos en un mundo abundante, nunca habíamos tenido tanta abundancia. La cuestión es que de nada sirve tener comodidad física si no se tiene salud psicológica y mental, principalmente con la estimulación externa a la que estamos teniendo acceso, para tener relaciones sanas es necesario estar sano. Así que no tiene sentido que millones de expertos en relaciones te ofrezcan consejos infalibles para tener una relación sana, si no estás completamente sano.

Como ya sabemos nos tratamos muy mal, ignoramos nuestras emociones, no sabemos lo que realmente queremos de las relaciones y mucho menos sabemos lo que estamos dispuestos a dar, donar e intercambiar conocimientos en las relaciones. Toda relación es un desafío y es bueno que sea así, necesitamos desafíos para poder disfrutar de las comodidades, el tema actual en las relaciones es el pensamiento mediático de ser felices ahora y siempre, si no es así ¡no lo queremos! Pasemos a la siguiente relación, pero ¿qué próxima relación? Vivimos de pequeños contactos, al fin y al cabo, la vida es corta y hay que ser feliz, ¡claro! Eso es justo, pero ¿es ese el camino a seguir? Una vida llena de relaciones superficiales, sin aprendizaje, sin desafío, sin dar, sin conocerse a uno mismo y sin conocer al otro.

Primero, es necesario entender que no estamos hablando sólo de la relación entre dos, cuando hablamos de relaciones, son relaciones, todas las cuales son parte de la vida de un ser humano, incluso con el planeta, con las deidades y las creencias. Toda relación tiene la misma estructura, cualquiera que sea esta relación, ya sea una relación familiar, una relación afectiva, una relación política, una relación pedagógica entre un estudiante de magisterio, una relación religiosa, una relación económica comercial o una relación de trabajo, una relación con el entorno en el que vives o también con la relación que tienes con tu cuerpo, alma y espíritu.

Relación familiar

La familia es nuestra primera base de influencia en nuestras relaciones sociales, especialmente en las relaciones afectivas. Ella sería la encargada de enseñarnos, educarnos e insertarnos en la sociedad. Pero esta responsabilidad se ha subcontratado cada vez más. La familia ha estado desestructurada durante mucho tiempo y las relaciones familiares son cada vez más raras. Hoy incluso es difícil explicar cómo funciona esta relación en el sentido de definir el rol del padre, el rol de la madre, el rol de los abuelos, las relaciones con los hermanos, si habláramos de esto terminaríamos retrocediendo y más sobre lo que debería ser y lo que no es, o incluso lo que nunca fue. Esto no significa que la familia haya perdido su importancia, sino que se ha vuelto más disfuncional, ¿o ya es así?

La destrucción de la familia está enfermando emocionalmente a la sociedad, o la sociedad siempre ha estado enferma y las duras reglas, tanto religiosas como políticas, hacían que todos parecieran sanos, ¿podría ser? Las relaciones familiares debieron mejorarse y no destruirse, debimos aprender a tratar con amor a las personas que elegimos amar, pero ¿qué está pasando? Estamos descartando o siendo descartados y como ya sabemos, en el pasado hay una gran posibilidad de que hubiera sido peor. El matrimonio era una cuestión militar y política, era una forma de mantener alianzas políticas y militares, según el libro de quinto grado de mi hija [8](Y el libro no miente, cuenta la historia). Por supuesto, esto no está escrito en el libro, pero lea atentamente y vea que lo que dice es exactamente eso, simplemente, dicho de otra manera. Reyes, príncipes, reinas, princesas y otros miembros de la nobleza contraían matrimonio con el único interés de firmar tratados y asegurar la estabilidad económica de una región en la realeza.

En la otra parte de la sociedad, que podemos llamar clase media y campesinos, no fue diferente, ni fueron diferentes las razones, también tenían un carácter económico. Pero como sabemos, o deberíamos haber sabido desde hace mucho tiempo en la civilización y aquí hablo de la cultura occidental, no estaba permitido separarse o divorciarse. Entonces, la gente se anulaba, se odiaba, se toleraba, sin tolerarse, pero hubo quienes aprendieron a amarse y respetarse con el tiempo, ya fuera mayoría o minoría, lamentablemente no lo puedo decir; sólo sé que continuaron así hasta su muerte. Cuando se creó el divorcio era para utilizarlo en situaciones extremas de maltrato y violencia física que existían en todos los niveles de la sociedad, no se incluye el abuso emocional; incluso hoy en día, la gente todavía tiene dificultades para aceptar que el abuso emocional es violencia.

---

[8]Geschichte und Geschehen 5/6 Ausgabe Thüringen Gymnasium (2012).

Pero lo cierto es que no es ningún secreto, la disfunción familiar es el origen de la carencia emocional y afectiva. La familia es fundamental para desarrollar las habilidades sociales, el lenguaje y la identidad de los niños. Todo individuo necesita estímulos positivos y muestras de afecto para su desarrollo físico y emocional. La falta o ausencia total de una estructura familiar puede provocar una baja autoestima y, en particular, problemas de conducta que pueden ir desde la apatía hasta la agresividad. La influencia de la familia en la vida del individuo en su conjunto es inevitable. Pero ¿podremos ser la madre y el padre que no tuvimos, en términos de afecto, cuidado, autoridad y fortaleza emocional, en el camino que estamos siguiendo?

¿Cuándo dejamos de ser niños y empezamos a ser adultos? La familia sostiene relaciones y las relaciones constituyen la sociedad y la sociedad parece estar al revés, ¿o siempre lo ha estado? La verdad es que no tiene sentido hablar de salud emocional, salud física, salud mental, fortaleza espiritual sin hablar de relaciones y para eso tenemos que hablar de familia. ¿De dónde vienes? ¿cuáles fueron tus primeras experiencias en base a qué valores te hicieron quién eres hoy?

Hablemos de este tema familiar teniendo en cuenta la actualidad. Difícilmente podremos hablar de familia sin discutir, pero ¿qué decimos cuando alguien dice que tener hijos es una pérdida de tiempo? Que tener hijos es sinónimo de gastos y trabajo extra en todos los sentidos, y por eso simplemente no vale la pena. Qué decir cuando un ser humano dice que el nacimiento de otro ser humano es solo números económicos desfavorables y que estar soltero y sin hijos es la mejor opción.

No sé qué te producen este tipo de argumentos, qué pensamientos te vienen a la mente, pero analizándolo de manera realista y directa, lo que realmente esta persona está diciendo es: Si de ellos depende, con ellos se acaba la humanidad. Pero probablemente quieren que la humanidad dure mientras ellas vivan, que siga teniendo todo lo que tiene, amigos, familia, trabajo, entretenimiento, las personas que conocen en el camino, o crees que quien dicen eso están preparados para vivir solos en el mundo, plantando, cosechando y preparando su propio alimento, sin ninguna alma de otro ser humano, a pesar de la de ella misma. Entonces, ¿qué dices sobre este escenario? Mas la pregunta que se debe hacer, o al menos la pregunta apropiada para estas personas, es: ¿Qué pasó para que quisieras que la humanidad terminara en ti? ¿Fue malo haber tenido una madre? ¿Fue malo haber tenido un padre? ¿Es malo ser quién eres? ¿Qué es tan malo que no quieres continuar?

Esta forma de relacionarse con el mundo nos lleva a creer que estas personas tienen algo en su entendimiento, en sus sentimientos que de alguna manera se han dañado, alguna herida está abierta y es tan mala que lo mejor para ellos es no tenerla para lidiar con esto, ella piensa que es mejor detener a toda la humanidad. Hay personas que piensan así, sabiendo que algo anda mal en este razonamiento, pero prefieren dejarlo pasar, o hacer todo lo posible para justificarse ante el mundo, especialmente ante las personas que los rodean, cuando en realidad la única persona a la que le debe una explicación es a ella misma.

Hay personas que cambian a su hijo por un perro, hay otras que, al darse cuenta de que un perro es un trabajo duro, lo cambian por una planta. Recordando que aquí no estamos criticando, aunque pueda parecer una crítica, es un análisis de la conducta que influye especialmente en la relación que esa persona tiene con el hogar en el que nació, los mensajes que le trasmitieron, desde la niñez hasta la edad adulta. No hay razón para incluir aquí a personas que, por elección situacional, hoy son solteras y sin hijos, personas que se dejaron guiar por las circunstancias y tuvieron que tomar sus decisiones de acuerdo con sus prioridades del momento, y el hecho de que hoy estas personas no tienen sus propias familias fue una consecuencia y no una decisión, lo pospusiste demasiado y ahora no tiene sentido pensar en ello, deseando otra oportunidad de hacer algo diferente. Volviendo al tema de las personas que piensan que la humanidad tiene que terminar con ellos, son personas que nos dejan entender lo que son, y los valores que los mueven, no expresan cómo les sucedieron las cosas y lo que tienen para ofrecer. Esta posición de pensamiento es de alguna manera noble, es como sacrificar la continuación de mi linaje por el bien de la humanidad, pero al mismo tiempo que es noble es cruel, porque le quita todas las posibilidades a que tu próxima generación pueda hacer y ser diferente. No repetirás los errores que te cometieron, ¿verdad? Porque no sé si alguna vez lo has pensado, pero tienes la oportunidad de ser el ser humano que desearías, y ser aquel ser humano que los demás hubieran sido contigo, pudiendo transmitir la forma correcta de vivir y actuar a tu siguiente generación.

Existir, procrear, salir de la continuidad de la propia especie es una tendencia natural en los seres vivos, por ello es necesario buscar la causa de este retraimiento natural, que llevó a estas personas a no querer más que la humanidad continúe. Descubrir la causa de esto no significa cambiar de opinión, sino ver qué lo provocó, porque podría estar provocando otros problemas, tanto en la salud física como mental de esta persona. La familia disfuncional donde el individuo es incapaz de reconocerse como persona, donde uno se ve obligado a llevar al otro, uno toma el papel del otro y nadie sabe cuáles son las prerrogativas de cada uno, es difícil tener la salud mental para educar a la próxima generación. Es posible ver personas cada vez más huyendo de las responsabilidades, además de ser excesivamente sensibles. Cuando hablamos de emociones y sentimientos dañados, estamos hablando de dos extremos, o la persona se fue a un lado y se convirtió en una persona adulta, pero dura, insensible, un monstruo que mató sus emociones, o la persona se fue al otro extremo, a convertirse en un niño que nunca crece. La persona es frágil, irresponsable, imprudente, inmadura y poco confiable, ni confía en sí misma. Es insegura en todos los aspectos que involucran las relaciones y no puede dirigir ni tener metas definidas en la vida, quiere todo fácil y solo tiene lo que le dan; necesita saber qué significa lograr algo, si nunca se ha tenido la oportunidad de lograr algo, o lograr algo que realmente deseabas; es natural que la vida te dé la sensación de que no es necesaria una continuación.

Imagínese un niño criado únicamente por su madre.

Escenario uno: Tu madre tiene dos trabajos, se ocupa de la casa y hace todo lo posible para satisfacer tus necesidades principales y, siempre que es posible, te presta un poco de atención.

Escenario dos: tienes 2 o más hermanos, eres criado solo por tu madre, que rara vez está en casa, los fines de semana te comparte a ti y a tus hermanos con tus abuelos, tíos y, a veces, incluso con amigos y extraños. Casi no ves a tu madre y cuando estás con ella siempre está irritada, te grita a ti y a tus hermanos todo el tiempo y los fines de semana que pasa contigo siempre parece estar borracha. Aquí es cuando ella no verbaliza que tú y tus hermanos sois una molestia en su vida. Como si fuera culpa vuestra por haber nacido y por ser niños.

Criado en uno de los escenarios anteriores, miras el sufrimiento y la lucha de tu madre y tu propio sufrimiento y dices que, si la vida es así, no quiero tener esa vida, ¡la haré de manera diferente! Porque antes de que una persona sea adulta, es un niño. ¿Y dónde crecerá el niño? En la familia.

También tenemos familias donde los padres viven juntos, pero es como si sólo estuviera la madre. La madre tiene que cargar al padre sobre sus espaldas, manteniendo sola la casa o la madre sufre violencia doméstica. Tenemos otro modelo que ha aumentado en las familias, que es la madre que sale de la casa y deja a los hijos con el padre y así continúa la humanidad. Todos los estudios y argumentos pedagógicos y psicológicos sobre la salud infantil son para ti un cuento de hadas que nunca existió en tu experiencia de vida, o peor aún, un chiste sarcástico de que la vida te hizo el personaje del chiste, un chiste que no fue divertido en absoluto.

Escenario tres: Tienes padres que están muy bien posicionados en la sociedad, pero que nunca tienen tiempo para ti, tienes todo lo que a otro niño le gustaría tener, por otro lado, te piden perfección en la escuela y en el comportamiento y cuando no sale como tus padres esperaban, finalmente te llaman a una conversación, una conversación que ya conoces, una conversación llena de críticas y exigencias; tus padres ni siquiera saben que tu mal comportamiento es una estrategia inconsciente que utilizas para obtener un mínimo de atención de ellos.

Pero la realidad es que las cosas se han puesto en automático y los niños crecen sin conocer su papel en la familia. Esto genera en la mayoría de nosotros el hábito de exigir cada vez más a los demás y menos a nosotros mismos, o dejamos que los demás nos exijan mucho y terminamos queriendo cumplir las expectativas del otro, o queriendo que el otro cumpla nuestras expectativas y así continuamos nuestras relaciones sin mirarnos, y lo más gracioso es que tampoco nos miramos a nosotros mismos.

A veces somos frágiles, intrascendentes, inmaduros, no inspiramos confianza en las relaciones y, a veces, miramos todas estas características en los demás y decimos que si esta es la persona con la que voy a vivir entonces no quiero. Entonces la gente prefiere estar sola y cuando tiene necesidades busca compañía por un momento y listo, pero, ¿no estamos estancados en evaluar comportamientos incorrectos? ¿De dónde viene este conocimiento sobre los demás, de dónde sacamos la capacidad de evaluar a los demás de esta manera? Quizás esto provenga de una educación que, por motivos de cuidado, o sin darse cuenta, los padres empezaron a educar a sus hijos para que fueran independientes y no necesitaran de nadie.

Con la intención de proteger a sus hijos de mayores decepciones y dolores, las familias llevan décadas enseñando a sus hijos a no necesitar a nadie, sin importar el escenario en el que se ajuste la familia, los padres quieren que sus hijos no dependan de nadie, ya sea emocional o económicamente. ¿Es esto un error? Aparentemente no, sin embargo, ha generado muchos conflictos en las relaciones, cada vez más miramos al otro como el objeto de mis necesidades, cualesquiera que sean esas necesidades. Hoy vemos a muchos adultos confundidos, queriendo terminar una relación porque el otro no fue capaz de cumplir con sus expectativas.

Pero volvemos a la pregunta ¿quién te enseñó a ser lo que eres hoy? Y la posibilidad de que la persona se voltee hacia ti y te diga: Con mi mamá, que era padre y madre a la vez, con mi abuela, con mi tía de la guardería, con la vecina, con mi maestra de primero a cuarto grado del año escolar, quien fue la misma persona durante 4 años y siempre me trató como si nada, junto con mis amigos de la clase que estaba seguro no les agradaba, aprendí de mi padre que era un monstruo y nos trataba mal a mí y a mi madre, o tal vez aprendí de un padre que vivía en casa escuchando a mi madre decir que él no era nada, nada más que un fracaso, aprendí de mi madre que nos abandonó a mí y a mi padre por otra persona, porque ella quería ser feliz y mi padre y yo nos interponíamos en su vida, aprendí de mis padres quienes solo pensaban en ganar dinero y estatus y me hicieron sentir como si fuera un accesorio más de la vida perfecta que ellos lograron.

En definitiva, hay muchas respuestas diferentes, pero el resultado es el mismo, emociones y sentimientos dañados. Confiar en la gente es un problema que no quieres tener ahora. Las relaciones sanas ya no existen o nunca existieron, pero lo cierto es que este modelo de familia no es el único y todo ello se puede corregir. Puede ser que hayas tenido malos estándares educativos y modelos de relación, pero hay corrección. Quizás seas un egoísta sensible que nunca aprendió a ver a los demás, pero puedes aprender y puedes ser la persona que crees que vale la pena tener en el mundo porque la vida y toda su trayectoria es un viaje y como todo viaje necesitas tener metas y saber en qué dirección vas o quieres ir. ¿Qué crees?

Para cada camino hay otro camino de regreso u otra dirección a seguir. Quizás un hombre al que le gusta ser apoyado por otra persona creció con una madre que llevaba toda la responsabilidad sobre sus hombros y decidió no reaccionar para preservar el área de confort que se le ofrecía en ese momento. Entonces para este hombre es normal depender de otra persona, porque nunca se le ha exigido nada diferente, es curioso que en las relaciones acabemos atrayendo lo que más tememos, porque la mayoría de las veces entramos en un círculo vicioso y ni siquiera nos damos cuenta de que estamos en él, por voluntad propia e inconscientemente no queremos salir de esto, incluso si confesamos lo contrario con la boca.

Hay patrones de relaciones y modelos familiares que se han vuelto comunes, pero esto no quiere decir que esos patrones sean correctos, porque las relaciones existen para que podamos crecer, somos un proyecto en constante evolución y evolucionaremos hasta nuestro último aliento uno de los argumentos más tristes de escuchar y que provoca una enorme deuda emocional sobre todo en quienes lo utilizan es: "La sociedad ha cambiado y las cosas son así hoy en día". Lo peor de escuchar esto es que generalmente se trata de un comportamiento dañino en todos los sentidos. Nos estamos volviendo cada vez más frágiles y es fácil que nos lleven a cualquier parte y todavía tenemos el maravilloso argumento de que no tenemos la culpa ni somos parte en esto; somos víctimas de la educación que recibimos y de la sociedad en la que vivimos. Nos describimos como marionetas pequeñas y frágiles, y aunque la mayoría sea así no quiere decir que nosotros también tengamos que serlo, porque la mayoría es un grupo de personas que creen en las mismas cosas y viven de la misma manera, pero ese no es un parámetro para decir que tienen razón, si son infelices, sus vidas están desorganizadas, sus relaciones son frágiles y no se aman ni siquiera a sí mismos, fuman, beben y comen mal, se entregan a placeres breves y rápidos sin pensar en las consecuencias. ¿Crees que tú y yo deberíamos seguir todo esto, sólo porque la mayoría vive así? Ni usted ni yo necesitamos creer algo equivocado o vivir de manera incorrecta, tomemos el ejemplo de los matrimonios de los cuales ya hablamos y de las relaciones familiares, con el aumento de la libertad ya nadie se ve obligado a vivir con nadie, si la relación no es sana, el hecho de que hoy en día tengamos muchos más divorcios, no significa que antes las relaciones matrimoniales eran buenas, como ya hemos dicho, la verdad es muy diferente, pero hay matrimonios felices que abarcan el tiempo e incluso van más allá de la vida material, este tipo de relaciones no supera el 10%, pero es en ellos donde otras relaciones se inspiran para iniciar una relación de pareja, el 10 por ciento es minoría.

En Alemania, según una publicación en la web: https://de.statista.com/themen/134/scheidung/ [10], del 22/02/2024, tenemos una tasa de divorcios actual

---

[9]Quelle: Statista Unternehmen. Statista ist eine deutsche Online Plattform für Statistik, die Daten von Markt- und Meinungsforschungsinstitutionen sowie aus Wirtschaft und amtlicher Statistik zugänglich macht.

[10]Quelle: Statista Unternehmen. Statista ist eine deutsche Online Plattform für Statistik, die Daten von Markt- und Meinungsforschungsinstitutionen sowie aus Wirtschaft und amtlicher Statistik zugänglich macht.

entre el 32% y el 35%, curiosamente todos durante la pandemia del coronavirus; a diferencia de los divorcios en Alemania que han disminuido un 10 por ciento, estas personas declaran ser felices y realizadas en sus relaciones y el resto declaran que se toleran por diferentes motivos.

Scheidungsquote in Deutschland von 1960 bis 2022

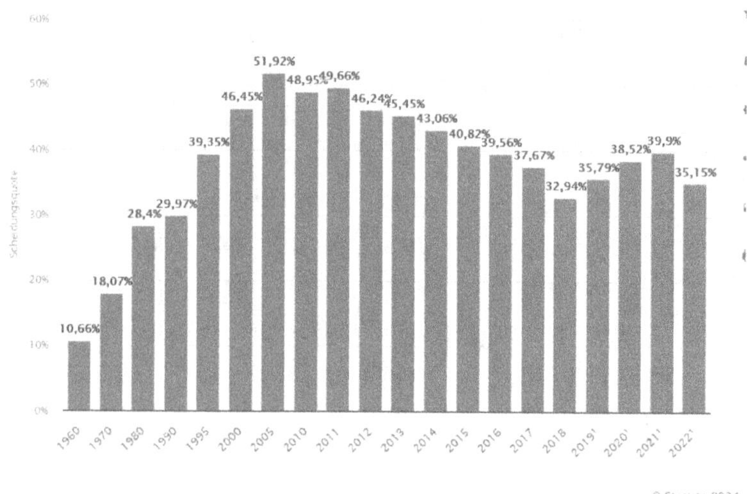

Esta información es sólo para mostrar que seguir a la mayoría muchas veces no es lo adecuado para su vida, pensar por uno mismo y utilizar la prerrogativa de tomar sus propias decisiones es la mejor opción.

Cuando dices que una vida solitaria, sin familia, sin hijos es una elección, necesitas analizar todo lo que te llevó a eso. ¿Elegiste o dejaste que las circunstancias eligieran por ti? ¿Es una elección o simplemente una actitud generada por el mecanismo de autodefensa?

Relación afectiva

Las relaciones afectivas constituyen un factor muy importante en el proceso del desarrollo humano. Es en la relación con los demás, a través de este otro, que el individuo puede definirse como persona y mantener el proceso de valores y conductas en permanente construcción, Incluso si vienes de una familia disfuncional tendrás la oportunidad de empezar de nuevo, pero ahora a tu manera en colaboración con alguien que también piensa como tú, cualquiera que sea esta relación emocional.

Las relaciones afectivas involucran familias, no sólo la familia en la que naciste, sino las familias con las que tienes relaciones o contacto, familia de amigos o familia de parientes; además, los amigos y amantes forman parte de la relación afectiva, e incluso en el ámbito profesional podemos tener relaciones de cariño y complicidad con los compañeros de trabajo, que en ocasiones se convierten en amistades que nos acompañan por el resto de nuestra vida. Cuanto más sanas sean nuestras relaciones emocionales, más vínculos creamos con quienes realmente somos.

Naturalmente, aquí nos centraremos en las relaciones amorosas, ya que así se construye una familia, una sociedad y una nación. Teniendo en cuenta que disfrutamos de la libertad de encontrar a nuestra pareja, encontrar un gran amor siempre ha sido un desafío. Volviendo a la Edad Media, las personas que no encontraban un gran amor tenían una vida más fácil, porque podían aceptar más fácilmente el destino elegido, es decir, casarse con alguien a quien no amaban o ni siquiera conocían. Someterse a esta situación era mucho más difícil cuando la persona estaba enamorada de otra persona, más difícil aun cuando era correspondido y aun así debía someterse a un matrimonio concertado. No es de extrañar que las historias de amor de la Edad Media fueran tan dramáticas, dramas que inspiraron clásicos inolvidables. Historias que nos recuerdan frases como:

- Es mejor sufrir de amor que vivir sin haber amado jamás. (Autor desconocido)

- El amor es tan poderoso que sólo la idea de que existe nos satisface. (Autor desconocido)

En el pasado, y aquí podemos deducir juntos que las familias equilibradas, con personas aparentemente felices, eran personas que con el tiempo aprendían a aceptarse y amarse, aunque estuvieran sometidas a relaciones que no querían. Como ya hemos mencionado, los matrimonios fueron durante mucho tiempo verdaderos contratos comerciales, ¿ya no es así? Supongamos que realmente ya no es así, que en cierto modo ya no existe.

Las relaciones matrimoniales afectivas ya no son un requisito para ingresar a la sociedad como lo era en el pasado, tanto hombres como mujeres estaban obligados a buscar una pareja, una pareja para toda la vida o serían realmente mal vistos por la sociedad, la separación ni siquiera es un pensamiento; los matrimonios eran todos religiosos, fue en Holanda en 1580 donde surgió el matrimonio civil, poco después que Dinamarca admitió el divorcio en 1592, Holanda siguió el mismo camino que Dinamarca, admitió el divorcio en 1596 y así se extendió por el mundo hasta llegar a Brasil en 1977, el año en que se produjo el primer divorcio oficial [11]. Pero independientemente de cualquier momento y de la situación, las relaciones son la base de nuestro desarrollo y adaptación en el mundo y a partir de ellas podemos construir una trayectoria saludable para nuestra vida, pero el gran secreto es conocerse a sí mismo creando experiencias saludables y duraderas relaciones.

Tenemos que entender que muchas de las leyes y cambios culturales que hoy son vistos como villanos en las relaciones fueron creados con la

---

[11]Fuente: www.jusbrasil.com.br

intención de proteger, si nos paramos a pensar, no hace mucho que al hombre se le permitía matar para defender su honor, pero hoy podemos construir relaciones de amor y respeto mutuo basadas en el amor propio, utilizando la libertad que tenemos para hablar honestamente unos con otros y tomarnos el tiempo necesario para conocer los valores y el carácter de los demás. ¿Es esto una garantía de éxito? No. Pero es una forma de empezar bien.

Lo importante es mantenerse alerta porque cuando analizamos el principio de coherencia, las personas tienden a proteger sus propias verdades. Entonces, si una persona sigue diciendo que los hombres no son buenos, no quieren compromiso, buscan aventuras de una noche, así como también los hombres dicen que las mujeres ya no son honestas, que no quieren relaciones duraderas, que ya no saben ser mujeres en su carácter, en sus tratos o en su forma de comportarse. ¿Qué pasará? Ambos buscarán relaciones que respalden estos argumentos, y en este caso, ninguno de los dos está preparado para encontrarse con personas que no sustentan sus argumentos, y aquí es donde entramos en el círculo vicioso, si esta mujer encuentra un hombre que sabe lo que significa estar comprometido, que la respeta, que la valora, que realmente quiere tener una relación de pareja con ella, esta probablemente no lo tomara en cuenta porque no está preparada para él. También lo es el hombre que encuentra una mujer honesta, una mujer que se valora a sí misma, una mujer que valora a su familia, que sabe lo que significa una relación con bases sólidas, que lo respeta, que reconoce los límites de ambos, este hombre no verá a esta mujer porque no está preparado emocionalmente para ella porque para estas personas sólo existen estándares que se ajustan a sus experiencias del mundo, estándares que rigen la verdad de cada persona como estos patrones están respaldados por hechos, es difícil abrir nuestros ojos emocionales a diferentes hechos y realidades.

En las relaciones afectivas no se puede ser feliz sin entregarse al cien por cien, las personas inician relaciones con miedos, sea cual sea esta relación, siempre veremos hasta dónde llega y se preparan para el final, se preparan para no ser felices, solo para los cortos momentos de felicidad esperando siempre el final, queremos que el otro cumpla todas nuestras expectativas, pero ni siquiera queremos saber cuáles son las expectativas del otro, sin mencionar que hay otro problema, si una mujer, por ejemplo, encuentra un hombre que cumple con su descripción de pareja ideal, pero sus amigas se quedan solas y no tienen suerte en las relaciones, dependiendo de su carga emocional de dependencia puede boicotear esta relación porque cree que no la merece, como ella puede encontrar un hombre inusual y sus amigas no, su madre tampoco tuvo tanta suerte, por eso no cree que lo que tiene sea cierto y hace todo lo posible para demostrar su tesis y la de sus amigas de que no hay ningún hombre preparado para una relación madura, el mismo ejemplo se aplica a los hombres, también a la amistad y a una buena relación de trabajo.

Nuestra base educativa de experiencia, las relaciones fallidas que vivimos y los argumentos que las definen hacen que muchas veces nosotros mismos no permitamos que sea diferente. ¿Cómo crees que nace el autosabotaje? El autosabotaje proviene precisamente de la falta de permiso, no te permites algo diferente y mejor que lo que tienen o tuvieron los que te rodean ¿Pero por qué no lo permites? Porque crees que no lo mereces, aunque tengas un discurso diferente, tu discurso es uno y tu verdad interior es otra, tu mente y tus experiencias no fueron ni son como te gustaría que fueran, pero eso es lo que tienes, por eso no permites que sea diferente porque si es diferente no sabes qué hacer.

A veces no estamos preparados para abandonar el nivel de vida que hay a nuestro alrededor, pero en nuestra naturaleza humana tenemos un historial de salud y la salud no se basa en la mayoría ni en el promedio, una tesis basada en el promedio de la sociedad, o en la mayoría de ella, es una tesis poco inteligente, los parámetros de comportamiento saludable no se toman de la mayoría ni del promedio de la sociedad, piénsalo y descubre cuál es tu prioridad en las relaciones, evalúa tu experiencia y ve lo que realmente quieres, sea la persona que se comporta y actúa como le gustaría que actuaran los demás y ser el cambio que quieres ver en el mundo.

Infinito hasta el final

Para entender por qué las relaciones matrimoniales de años y años llegan a su fin, y con esto estamos hablando de 25 o 30 años; entendemos que esto sucede no sólo entre la gente común, sino también entre la gente pública que fue nuestro ejemplo de matrimonio feliz y de repente todo se desmorona. ¿Qué lleva a que relaciones como estas después de pasar tantas experiencias juntos lleguen a terminar? De hecho, ni siquiera los involucrados tendrán respuestas exactas, ya que ambos ven el tema desde su propia perspectiva. Pero elijamos algunos puntos:

- Pérdida del deseo
- Poco diálogo
- Desajuste en la madurez emocional (Este es el caso donde una de las partes está en la relación como una persona sumisa y con el tiempo decide libertarse y crecer emocionalmente, la otra no sigue ni acepta esta evolución y con esto la relación muere).

Toda relación necesita madurar y crecer emocionalmente, pero muchas veces hay un desfase en los pasos de la pareja, uno sigue y el otro se queda atrás y esta se vuelve insostenible, porque uno tiene la sensación de llevar al otro sobre sus hombros y esto es muy cansado y difícil de mantener durante mucho tiempo. Observe que la rutina no se mencionó en las partituras anteriores es vista como la gran villana detrás del fin de las relaciones, pero lo cierto es que no lo es, la mayoría de las veces, al contrario, es lo que salva la relación, porque no hay nada que no se pueda encajar en una rutina, sea cual sea, incluso las personas que viajan mucho entran en una rutina agotadora de estar en un avión o en el coche, facturando en aeropuertos y hoteles, cada semana en un lugar diferente y lo único que quieren es salir de esa rutina y quedarse en casa sentados en el sofá con sus amigos con las piernas en alto, la rutina siempre existirá, el motivo por el que termina una relación no es en absoluto la rutina. Hay parejas que se llevan muy bien en el día a día y cuando deciden viajar juntos entran en crisis, así como también existen parejas que antes se llevaban muy bien y deciden tener hijos y la relación entra en crisis todo porque su rutina cambió, es exactamente en este momento que toca buscar ayuda, las personas siguen intentando a su manera, apresurándose a lo que era antes y sin evolucionar en la relación para entender que cada momento es un momento. Por supuesto, no tiene sentido que solo una parte lo quiera y la otra no, aquí es donde entra el diálogo, si no hay diálogo, comienza el distanciamiento, seguido de la pérdida del deseo.

Otra cosa muy importante a observar en una crisis de relación entre dos es si el problema no eres tú, tu hijo herido del pasado que todos tenemos, entonces, en este caso, no sería un drama de pareja sino más bien temas del pasado, tu hijo herido manifestándose, tu familia, tus traumas que no han sido resueltos, o no están resueltos y de repente descubres que tu pareja es súper Pues eres tú quien se equivoca, la crisis que le estás trasladando a tu pareja es algo que tiene que resolverse dentro de ti. También ocurre lo contrario, puede ser que el problema no sea ni la relación ni tú, son los fantasmas del hijo herido de tu pareja que no se resuelve y en este caso debes estar consciente, porque no hay nadie mejor que tú. analizar la situación y entender que en este momento la ayuda de un profesional es muy importante, porque solo él podrá darte un diagnóstico y ayudarte a ayudarte, porque sin un diagnóstico no es posible tomar el siguiente. paso.

Hay algo muy natural en las relaciones y es que las personas buscan la relación ideal a través de un modelo de transferencia, ya sea por lo que vivieron con sus padres, o por un ejemplo que vivieron, no importa, cada uno lo tiene. desde su propia perspectiva, como una relación debe funcionar para ser armoniosa. Esto es natural, porque sin una referencia cómo es posible saber si las cosas van bien o no. Este patrón de transferencia es la mayor parte de las veces inconsciente y cuando nos enamoramos nos enamoramos de este patrón que proyectamos en el otro. Algunos elementos de la persona que se cruzó en tu camino hacen referencia a tu patrón de relación que te hace pensar, esto es lo que estoy buscando. Cuando se está o se encuentra en un estado pasional que dura entre 7 meses y dos años según la psicología. Durante este período hay una disminución de la capacidad racional, puedes alertarte por todos los medios de que la persona que conociste no tiene nada que ver contigo, pero no lo crees, el estado de enamoramiento no te permite ver. cualquier cosa que no sea lo que quieres ver.

Es muy importante que la relación vaya más allá de esta fase de estar enamorado, porque para amar no es necesario estar enamorado, es necesario salir de la fase de mera pasión y deseo e ir a algo que es amor. Amor que es una decisión de elección consciente, ¿quiero amar a esta persona a pesar de la familia que tiene? ¿Vale la pena vivir con esta persona a pesar de todos sus hábitos y peculiaridades? Es necesario igualar la cuestión. La decisión de decir sí en una relación tiene que ser racional y no basarse en la fantasía de un patrón de relación que tú creaste. Esto no garantiza una relación sin crisis y desacuerdos de opiniones y pensamientos en el día a día, para eso precisamente necesitamos el amor. Por eso la decisión tiene que ser racional. Un pensamiento muy erróneo es pensar que cuando termina la pasión también termina el deseo, esto no es cierto. El deseo tendrá sus escalas, vendrán obligaciones, compromisos y otras prioridades. El deseo aumentará, lo natural disminuirá. Lo importante es no perder la admiración, el deseo de caminar juntos que proporciona la elección consciente y racional de amar.

No podemos ignorar la influencia de las historias de amor en las películas, de los grandes dramas románticos de época, que han influido y siguen influyendo en las fantasías de las parejas hasta el punto de querer tenerlo y frustrarse por no encontrarlo. Puedes tener una buena persona a tu lado, tener todo lo necesario para tener una relación sana, pero cuando comparas no le das ningún valor a tu relación. Todo por la comparación con relaciones que ni siquiera existieron o incluso con historias reales, pero una cosa tenemos que entender: tenemos la costumbre de editar nuestras vidas, no solo ahora con las redes sociales, siempre ha sido así. Las fotos que colgamos en las paredes de nuestra casa, en la oficina y los álbumes de fotos que siempre mostramos a nuestros amigos nunca tuvieron fotos como: Esta fue nuestra primera pelea, fue cuando tuvimos una gran crisis financiera. No registramos esto, registramos la fiesta de boda, las vacaciones, el nacimiento de hijos, el nacimiento de nietos, felices encuentros con amigos, etc. Pero sabemos que detrás de estos momentos felices hay momentos de dolor, tristeza y muchas luchas. De hecho, tenemos que entender que en las relaciones humanas hay muchos más tonos grises de los que imaginamos. De lo contrario, siempre estaremos insatisfechos con cosas que son realmente increíbles en nuestra relación, pero que no vemos porque estamos ocupados haciendo comparaciones.

Por eso es así

Ahora comprendamos un punto importante entre hombres y mujeres en la relación. Un hombre, cuando una relación termina, tiende a reemplazar inmediatamente esa relación y una mujer tarda mucho más en encontrar a otra persona. La verdad es que esto poco tiene que ver con la disponibilidad, sino con perfiles diferentes entre hombres y mujeres que no se pueden ignorar, se pueden mejorar, pero no ignorar. Un hombre con esposa e hijos, si se enamora de otra persona y decide irse, se irá sin problemas. Deja a su esposa e hijos y se va, traumatizando a veces a su hijo, pero no le importa. Una mujer, incluso sola, tiene un hijo o hijos; esta mujer sabe quién es más importante en la relación: los hijos. No es que ella quiera que el hombre sea el padre de los niños, sino que él sabe la importancia que el niño o los niños tienen para ella. La madre tiene a sus hijos como prioridad, el hombre no le importa mucho, no se responsabiliza de su bienestar físico y emocional, aunque todo parezca estar bien o no, normalmente no es consciente de ello, salvo excepciones, esta es la realidad.

Cuando una mujer sufre, crea selectividad, pero los hombres no suelen ser tan selectivos. Cuando una mujer termina una relación entra en otra relación más madura, un hombre no necesariamente. Esta es una de las razones por las que las mujeres permanecen solas después de que terminan una relación. Hay mucha selectividad, también hay hijos, está el tema de la madurez, está el tema de lo que ella vivió en la relación que terminó, entonces ella puede decir que: *"- Si tengo que pasar por esto otra vez, prefiero estar sola"*. Estas son algunas de las razones por las que los hombres pronto entablan una nueva relación y las mujeres no.

Hoy en día hay una amputación de culpas por los fracasos en el matrimonio, la libertad de las mujeres, como dijimos antes, la verdad es muy diferente a lo que muchas veces se predica. La mujer vivía una relación totalmente sumisa, sin muchas alternativas, incluso antes de que la sociedad aceptara el divorcio, había mujeres que se atrevían a abandonar sus hogares y vivir solas. Estas mujeres fueron muy discriminadas, pero como vivían en terribles situaciones de opresión, violencia física y emocional, no pudieron soportarlo y se fueron de casa. Algunas mujeres encontraron apoyo en sus familias y regresaron a la casa de sus padres, otras tuvieron que enfrentarse solas a toda una sociedad e incluso a la revuelta de sus hijos, pero todo esto fue mejor de lo que vivieron, la opresión en casa era tan grande que prefirieron tener necesidades económicas y enfrentar todas las acusaciones de la sociedad que vivir como vivían. Los matrimonios no duraban en el pasado porque había más amor, más porque había armonía, los matrimonios duraban porque no había ningún tipo de negociación, sólo mandaba una de las partes.

Cuando las mujeres empezaron a ganar protagonismo, empezaron a negociar, sin mencionar que antes de eso, cuando la sociedad comenzó a abrir el mercado laboral a las mujeres, las madres educaban a sus hijas para no pasar por lo que ellas pasaron. Y la verdadera libertad, de igual a igual, entre hombres y mujeres comenzó a gestarse, los matrimonios que no eran más que acuerdos, se convirtieron en una relación real, y en una relación real las cosas tienen que estar bien para ambos, para que con la llegada de los hijos sea una buena relación para todos.

Lo triste es que todavía no hemos llegado a un punto de equilibrio. Hay una generación actual que ni siquiera se plantea vivir una relación de opresión, abuso, omisión, sumisión, sino que quiere relaciones equilibradas, sanas, donde cada uno sepa cuál es su papel, donde haya respeto. Esta generación ha construido una familia emocionalmente estable en todos los sentidos.

Desgraciadamente, también tenemos una generación un tanto dañada, un grupo de gente llena de excesos. Quieren más de los demás, sin dar nada a cambio, esta generación no tiene pensamientos organizados y ni siquiera sabe lo que realmente quiere. Son personas que no tienen idea de lo que significa sufrir de verdad, sin derecho a actuar. Esta generación no sabe hacia dónde quiere llegar y no ayuda a que las cosas sigan mejorando, al contrario, sólo obstaculizan a las personas que ni siquiera han logrado salir de ese modelo de relaciones pasadas, personas que todavía viven en una relación opresiva de sumisión, dependencia financiera, etc. Todavía hay muchas mujeres que viven en relaciones que no quieren, por falta de opciones o por dependencia emocional. Todavía hay muchas mujeres que se ven amenazadas, que viven en relaciones abusivas, a veces porque no tienen los recursos económicos para dejar la relación, o no tienen una red de apoyo. A veces, debido a que han experimentado tantas otras relaciones fallidas, se someten a esta relación porque no quieren sufrir las miradas críticas de la sociedad que dice que ellos son el problema.

Pero además de la generación de los excesos, también tenemos toda una generación de niños y niñas que tienen naturaleza innata para vivir y convivir. Es una generación de personas que entablan relaciones para ser felices y no para hacer feliz a la otra persona. No les importan las necesidades de los demás, estas personas sólo quieren que otros satisfagan sus necesidades. Es la chica que se cree la más bella de la cuadra y el chico que se cree el más deseado, entonces ella piensa que es un chico muy afortunado porque la ganó y él piensa lo mismo que ella es una chica muy afortunada porque entre tantas otras chicas, él la está eligiendo. Ya sea saliendo o casándose, ella tiene toda la obligación de hacerlo feliz y satisfacer sus necesidades y, naturalmente, piensa lo mismo: hacerla feliz es su obligación de ahora en adelante. Así es el amor que pasa en esta generación, ambas personas piensan igual y ninguna sabe lo que piensa el otro y pues ya lo sabes, estos son esos famosos matrimonios que duran 6 meses y después terminan.

Un dato sobre los matrimonios y las relaciones de pareja es que cuando te casas, cuando decides vivir con otra persona en el mismo espacio físico, no tienes idea de con quien vas a vivir. Está el período de pasión y ese período de conocerse, que no es real, porque ambos vienen con muchas ideas y pensamientos sobre una relación perfecta, y a veces no se pone sobre la mesa lo que cada uno está pensando. Ninguna de las partes pregunta al otro qué idea de la relación tiene cada uno y cuando preguntan, la respuesta se da con la intención de cumplir con las expectativas del otro.

La verdad es que la vida pasa en el matrimonio, te haces mayor, te frustras, cambias de trabajo, pierdes el trabajo, tienes problemas económicos, tienes deseos y metas que no se cumplen; esta es la verdad, la vida continúa. Hasta qué punto uno está dispuesto a estar del lado del otro, independientemente de la situación y circunstancias del momento, sin mencionar que la relación no es solo tú y tu pareja, también están los hijos, la familia de cada uno, tal vez el perro, el pájaro, el gato, la pecera, no importa una relación entre dos nunca son solo los dos, una relación es un sueño de vida donde seguirás caminando, seguirás con las mismas cosas, las mismas búsquedas.

Es muy importante quitar la ilusión de perfección, los matrimonios que han sobrevivido a los tiempos, han sobrevivido a las luchas, a las crisis, a las frustraciones, lo único que tenían era la voluntad de ambas partes de atravesarlo juntos y continuar juntos. Por supuesto, cada caso es diferente y hay relaciones que son verdaderamente insostenibles. Al principio de una relación no nos conocemos realmente, ni siquiera nos conocemos a nosotros mismos. Si nunca has tenido una relación duradera, entonces no sabes cómo eres en el día a día en un matrimonio, compartiendo cosas con alguien. No sabes quién eres, si tienes que depender de alguien más durante un periodo de tiempo. Nadie sabe qué pasará en el futuro, tenemos a nuestro alrededor todo un entorno de políticas que crean inestabilidad y pueden cambiar tu rutina, tu vida, la vida con tu pareja de la noche a la mañana.

Pero supongamos que hizo todo lo posible para que esta relación funcionara, pero nada funcionó. Te sometiste, renunciaste a muchas cosas, pero aun así no funcionó, dependiendo de qué familia vengas, también dependiendo de tu fe, del grupo religioso al que pertenezcas, te enfrentarás a una sociedad que te exigirá, como se imputaba a sus antepasados en una época en que los matrimonios sólo podían disolverse por la muerte de uno de los contrayentes. Esto me recuerda la estrategia del rey David, cualquiera que conozca la historia sabe de lo que hablo.

Pero, de todos modos, la verdad es que, en este caso, seas hombre o mujer, no encontrarás apoyo, la gente te culpará y querrás escapar del mundo. El día de hoy, muchas personas, especialmente mujeres, viven relaciones en las que llevan mucho tiempo muertas y no quieren salir, porque no se sienten capaces de afrontar la sociedad ni la situación. Lo mismo pasa con las mujeres que a veces son abusadas en el trabajo, en la calle por un vecino, por una persona conocida que tiene poder, entonces se quedan calladas y no lo revelan, hasta que llega una mujer valiente y presenta un caso, entonces las cosas empiezan a aparecer otras.

En el caso del abuso por parte de hombres, especialmente niños jóvenes, adolescentes, la situación puede ser aún peor y el tema no es el miedo, tanto en el caso de mujeres como de hombres que son víctimas de abuso, el tema es protegerse. Estas personas no quieren correr el riesgo de seguir desacreditadas después de todo lo que han pasado, cuando eso sucede el sufrimiento es mucho mayor. Sabemos que hay personas que utilizan la ley para manipular situaciones, dejando a las verdaderas víctimas sin el apoyo que necesitan, porque no hay otra alternativa para la sociedad ni para la ley si no desconfiar. Entonces, cuando la mujer o el hombre no puede acreditar en una situación de abuso, guardan silencio y vive con ello para siempre.

Hace no mucho ni siquiera hablábamos de autoconocimiento; aunque el término es antiguo, "conócete a ti mismo". Conocerse a uno mismo es fundamental para su desarrollo personal y, en consecuencia, para relacionarse con otras personas, para estudiar, para el trabajo, en la familia, en las relaciones afectivas, con el dinero, la política, etc. Normalmente atribuida al filósofo griego Sócrates (479-399 a. C.), la frase **"conócete a ti mismo"** es, de hecho, la inscripción que se vio en la entrada del Oráculo de Delfos. La frase **"conócete a ti mismo"** fue difundida por Sócrates y nunca ha estado más vigente.

Nosotros, como sociedad, no estamos acostumbrados a vivir cambios juntos, ni siquiera podemos experimentar cambios individuales, recordando que, como sociedad, la mayoría de los cambios que hoy traen libertad y paz, reducen la opresión, traen salud emocional, estos siempre fueron vistos como cosas malas, pero una relación que no evoluciona es una relación que no existe. La ira y el conflicto son cosas que todavía prevalecen en el mundo, porque todavía no hemos evolucionado hasta el punto de crecer sin conflictos, todavía no sabemos utilizar el diálogo en el momento adecuado, sólo nos sentamos a hablar cuando nuestra existencia ya se está viendo comprometida, exactamente como sucede en las guerras.

En las relaciones de pareja tendemos a exigir, a querer del otro lo que no tiene para dar. Hoy en día es común ver a personas culpar a sus padres por sus carencias y trastornos emocionales y de personalidad, sin preguntarse si ellos tenían eso para dar, ¿cómo puedes culpar a tus padres, antes de saber cuál era su realidad, ¿qué vivieron y qué realmente podían ofrecerte? No hace mucho las personas no teníamos acceso a la información que tenemos hoy, sin importar nada, somos la generación que tiene la oportunidad de hacer todo de manera diferente, pero sobre todo de ejercitar la comprensión, si aprendemos a vernos. Ver al otro no es ver nuestro reflejo en él, mirar al otro es ver a la persona que tienes delante.

Al final funciona

En terapia es muy importante aceptar el dolor, diagnosticar que no tenías lo que necesitabas, pero esto no se hace para buscar a alguien a quien culpar e ir allí a castigarlo, porque en la mayoría de los casos esto no es posible, el culpable ya murió o la persona que consideras que es el problema en tu vida, son cuestiones relacionales entre expectativas y frustraciones de expectativas. Pero saber qué relaciones del pasado causaron todo el dolor que sientes hoy es importante para que te conozcas a ti mismo y cambies tu historia desde dentro.

La falta de autoconocimiento lleva a la falta de amor propio, lleva al autosabotaje, lleva a un trastorno alimentario, en definitiva, la falta de autoconocimiento te puede llevar a ser tu propio abusador emocional, te puede atrapar en un círculo vicioso de ser víctima de las circunstancias. Tenemos que entender que cuando hablamos de victimismo no significa que no haya víctimas. Las víctimas existen, hay personas que realmente fueron abusadas y por razones de estructura física, fuerza, posición social, no pudieron reaccionar ante el abuso y hoy cargan con traumas capaces de quitarles toda su capacidad cognitiva para reaccionar ante la vida. El trauma es exactamente eso, es tu reacción emocional ante lo sucedido, podemos observar varias personas que han pasado por el mismo trauma, a veces incluso peor que el tuyo, o han vivido el mismo trauma contigo, pero la respuesta emocional es diferente. Por lo tanto, su cura dependerá mucho más de cómo le afectó el dolor y de cómo reaccionó ante él, que de lo que sucedió exactamente. Una situación puede parecer simple y fácil para una persona y muy complicada para otra. Debido a que las personas tenemos diferentes recursos internos y en el caso de un trauma el autoconocimiento es fundamental, es a través de este que se desarrollarán los recursos emocionales internos para que puedas superar esa situación traumática.

Cualquiera que sea la situación en la que alguien piensa que no puede hacerlo, que está sufriendo, lo más recomendable es aceptar el dolor de esa persona como algo muy importante. Es en la recepción donde se abre el camino hacia el autoconocimiento, una vez que la persona siente que su dolor ha sido comprendido y acogido, se le abre la puerta para saber qué pasó realmente y cómo ha reaccionado ante ello, en velocidad y tiempo; su autoconocimiento significa ver las cosas desde nuestra perspectiva y no desde las expectativas de otras personas o desde la perspectiva de los demás. Las circunstancias no te definen, pueden dejarte una marca, pueden crearte dolor, pero no te definen para siempre. Eres tú quien determina hasta qué punto tu pasado saboteará tu presente y destruirá tu futuro. Esto lo podemos ver en mi libro "Quién eres realmente" donde expongo la experiencia de Victor Frank quien sobrevivió a las situaciones más extremas y traumáticas que un ser humano pueda imaginar. Sentirse herido por situaciones que pasaron y sentir todo como si fuera ahora, y volver a sentir y sentir y no salir nunca de ese pozo es quedarse estático, no querer vivir nada más, es vivir por el dolor que esa situación te causó; contaminar el presente y el futuro, darse cuenta de ello no es fácil.

Carl Rogers, que trabaja con psicología centrada en problemas, con la paradoja de la autoaceptación, dice: Cuando me conozco a mí mismo, es cuando cambio. Pero antes tengo que aceptarme tal como soy, con los traumas, con las sombras del pasado, con los defectos, con la envidia, con la rabia, con la competitividad, todo esto es ser humano. Si aceptar cómo eres no significa no cambiar, ahí entra la paradoja de la autoaceptación, cuando sabes cómo eres, cambias. Porque pase lo que pase, ya no librarás una gran guerra cada día por no aceptarte, dejarás de acusarte y tendrás más fuerza y energía para cambiar.

Volviendo a temas de relaciones, las personas que no se conocen terminan involucrándose en relaciones tóxicas, prefieren ser un vertedero de problemas emocionales ajenos que tener amor por sí mismos. Las relaciones íntimas y maduras saben que un buen comienzo es amar al otro tal como es, y que el otro te ame tal como eres, es una relación entre personas que se conocen. En una relación íntima y madura, los dos cambian juntos, mejoran juntos, siendo conscientes de que la perfección no existe, creando así una verdadera relación de complicidad, una relación entre seres humanos. Las relaciones no son competencias, son cooperación, eso es natural. En la naturaleza no hay competencia, hay cooperación, cooperación es amor, cada uno hace su parte. Al trabajar sobre nuestro pasado en el caso de nuestros padres, debemos entender que ellos llegaron tan lejos como pudieron, de aquí depende de ti.

No vivas una relación tóxica, sea donde sea, en el trabajo, en la amistad, en una relación, sólo porque tienes a alguien a quien culpar, no tengas miedo de estar a solas contigo mismo. Si lo sabes pide ayuda, invita a tu pareja a crecer juntos, si no quiere no te rindas, ve solo, pero inicia este viaje. Ten una relación honesta y sincera contigo mismo y con quién eres realmente. A veces nos cuesta no cerrar un ciclo que hay que cerrar, toda relación tiene un fin de ciclo, un fin de ciclo no siempre significa el fin de la relación. Por ejemplo: Si estás casado tendrás que dejar a tu marido/esposa, eso no es exactamente así, y a la vez es eso; porque dependerá del tipo de relación, ¿es una relación donde el problema es falta de madurez o es una relación abusiva, abusiva en qué aspectos? Pero es necesario que se cierre un ciclo para comenzar otro, sólo con el cierre de un ciclo es posible abrir el inicio de un nuevo ciclo saludable. Hay que salir de este lugar de dolor, salvarse de esta relación de poco cariño y falta de respeto.

Muchas personas que dicen tener depresión a veces están oprimidas y no deprimidas. Hay personas que toman medicamentos para ayudar a las personas con las que viven. Y no me refiero sólo a los antidepresivos, hay personas que inconscientemente se crearon una migraña, una hipertensión arterial, la aparición de diabetes, un trastorno alimentario sólo para justificar el malestar que experimentan dentro de la relación. Personalmente seguí tres casos en los que, después de que las personas lograron poner fin al ciclo abusivo que vivían, quedaron completamente sanas. No me refiero solo a la relación de pareja, también casos en el ámbito laboral donde la persona era tratada como basura, relaciones de amistad donde la persona era utilizada, la persona era consciente de esto, pero no podía ponerle fin para no hacerlo. perder la amistad desde hace mucho tiempo. El autoconocimiento nos hace madurar y la madurez no llega con el tiempo, viene con la decisión de madurar, hay personas super maduras de 20 años y hay personas de 50 años que nunca han salido de casa, nunca se han casado y aún viven con sus Para los padres, la madurez es una elección. Una persona madura toma decisiones maduras. Hay personas que perdieron a la pareja adecuada por inmadurez, porque pensaban que tenían que disfrutar de la vida, conocer mucha gente para poder involucrarse de verdad.

He visto y escuchado muchos testimonios de personas que perdieron a personas increíbles porque pensaron que disfrutar de la vida significa hacer de los demás un menú humano, porque pensaron que podían probar todos los platos del menú y luego volver a lo que más les gustaba. Pero créanme, un matrimonio feliz existe, aunque sea raro. Lo más envidiado del mundo no es el éxito, no es la belleza y no es el poder, es una relación feliz. Puedo tener éxito solo, pero un matrimonio feliz es un acuerdo entre dos personas, significa enamorarse y desenamorarse, discutir, pelear y ¿por qué? Porque los dos están pasando juntos por el proceso, el proceso de maduración de la relación, el proceso de autoconocimiento. La foto de un matrimonio que ha atravesado el tiempo no es la foto de la ficción, es la foto del amor verdadero, porque para que estuvieran juntos hasta este momento hubo tanto perdón, hubo momentos en los que quisieron darse por vencidos, pero decidieron continuar, hubo acuerdos y desacuerdos, hubo dolores, pusieron nuevos límites, establecieron estándares, pasaron por todo esto, pero permanecieron juntos a través de los altibajos de la vida que tiene toda relación.

Relación política

La política está en todo, no tiene sentido ignorarla, si vas a hablar de dinero hay política, si vas a hablar de salud hay política, si vas a hablar de desigualdad, de prejuicios, de distribución del ingreso, salud mental, salud física, educación, etc. Todo tiene política y si hablamos de relaciones sociales, aquí es donde realmente encontraremos política, la palabra política en griego significa gestión de personas, así que no hay forma de evitarlo. La relación política en definitiva fue creada para regular los conflictos sociales y lo que son los conflictos sociales si no las relaciones. Cuando hablamos de relaciones políticas nos vienen a la mente las relaciones de poder relacionadas con el estado y el país, la organización y la conexión con otros poderes. Pero la relación política tiene un significado más amplio y no menos importante en otras dimensiones de la vida social. Los derechos civiles y políticos no garantizan la libertad de ideas, ni una buena convivencia democrática sin derechos sociales. Son los derechos sociales los que garantizan la participación del individuo en la riqueza colectiva.

¿Cómo participa el individuo en una sociedad en la riqueza colectiva? Según el libro de Schulte & Gerth "Das grosse Familien Handbuch", que sólo habla de la vida familiar y termina siendo un gran manual político. Tener derecho a la educación, al trabajo justo, a la salud, a una vejez pacífica, a la participación política a través del voto (votar y ser votado) son formas de garantizar la distribución de la riqueza a los individuos de una sociedad. ¿Qué pasa cuando esto no funciona, la sociedad termina creando, o tratando de crear medios para que funcione, las creencias en las estructuras políticas se dividen y se radicalizan, al final el propio ciudadano termina perdiendo el foco y la política entra por mal camino? Pésima manera y muy antidemocrático en las relaciones familiares.

Hablando un poco de las relaciones políticas con la filosofía, para que podamos analizar qué permaneció y qué cambió. Para Aristóteles la política está asociada a la moral, porque uno de los fines de las relaciones políticas son las virtudes, es decir, la formación moral de las personas debe llevarlas a desarrollar la virtud. Los pensamientos de Aristóteles y Sócrates son complementarios, ya que Sócrates era un oponente de la democracia ateniense, léase atentamente, <u>un oponente de la democracia ateniense,</u> y no, <u>un oponente de la democracia.</u> ¿Y por qué Sócrates se oponía a la democracia ateniense? Porque era restrictivo. Sócrates denuncia que sólo los "bien nacidos" tenían acceso a la política, para él, todo el mundo debería tener acceso a la política, independientemente de su origen. El ejercicio de la ciudadanía sostiene y garantiza la democracia; cuando el gobierno es de todos y para todos, democracia y ciudadanía se complementan, pero ambos bandos necesitan estar frente a frente, en una relación pacífica, no enfrentarse como en una guerra, ciudadanos de un lado y políticos del otro, sin ciudadanos, sin relaciones ni organización social, no hay política, sino caos. La política es una tendencia natural de los seres vivos, incluso en el mundo animal se encuentran políticas de convivencia. Muchas especies de animales tienen una inclinación natural a convivir, con el hombre no es diferente, siendo el hombre un animal político según Aristóteles. El ser humano tiene una inclinación natural hacia la vida común en comunidad, es decir, la política pertenece a la naturaleza humana.

Lo ideal en las relaciones políticas es aprender a hablar de política, aprender a escuchar de política, sin crear adversarios sino socios para enriquecernos e intercambiar ideas, de esta manera podemos unir fuerzas para ver con claridad las situaciones de nuestras políticas sociales. Utilizar la política para crear relaciones y no para destruir, si el foco es el bien común, la libertad y la vida comunitaria, entonces no hay por qué no hablar del tema. Ve más allá de la información superficial, cuestiona, piensa y decide por ti mismo, dejando que el otro haga lo mismo, esa es una relación sana. Y en una relación sana es difícil imaginar posiciones radicales, sobre todo cuando el ideal es el bien común, o al menos debería serlo. Actualmente asistimos a la gran polarización política que ha dividido al mundo occidental. La polarización se produce con el aumento de las divergencias entre actitudes políticas con extremos ideológicos.

No vamos a entrar en el tema político en sí, nuestro tema son las relaciones y vamos a presentar algunos puntos importantes a evaluar antes de poner en riesgo nuestras relaciones, cualquiera que sea. Ya que la polarización política actualmente está presente en todas las relaciones sociales, ya sea para fortalecer o dividir relaciones. Lo importante es tener prioridades personales, si entras en un conflicto de ideas sin un objetivo, solo por capricho, o por sentido de pertenencia, esto seguramente no solo dañará tus relaciones sino también tus emociones. Por tanto, vamos a responder a una pregunta que puede

ayudarnos a ser educados y políticamente correctos sin resultar aburridos ni neutrales. Cuando entras en una agradable charla que de repente se convierte en una discusión llena de ideologías políticas, la pregunta correcta que debes hacer es:
- ¿Cómo evitar esta discusión sin huir de ella?

Primero: Escuche atentamente los argumentos y antes de decir nada, tómese un momento.

Segundo: No sigáis hablando entre vosotros, esto sólo daña y enciende los ánimos.

Tercero: deja que la otra persona discuta, pero si es tu turno de hablar la otra persona te sigue interrumpiendo, finaliza la discusión. Sea incisivo pero educado. Decir que bajo estos términos no es posible intercambiar ideas de forma sana y poner fin al tema.
Cuarto: Ignorar las provocaciones, darles a las provocaciones el valor que tienen, ninguno.

Quinto: Piensa siempre racionalmente y ayuda a los demás a hacer lo mismo. Las discusiones basadas en argumentos radicales no conducen a ninguna parte. Presentar información veraz de fuentes confiables. De lo contrario estarás perdiendo tiempo y energía en algo que no vale la pena, no mejorará el mundo ni tu vida e incluso puede destruir una relación.

Relación pedagógica

¿Crees que los días de las relaciones entre alumno y profesor están contados? Pero independientemente de esto la relación pedagógica siempre existirá, hasta que se invente una tecnología para que el ser humano nazca sabiendo, espero que esto nunca pase, porque si sucede aprenderás lo que ellos quieren que aprendas, ¡sería un mundo loco! incluso si dicen que no, al menos en Occidente todavía tenemos la libertad de aprender lo que queramos. Hacer lo que amas no siempre es fácil y no cae en tu regazo sin esfuerzo; en cualquier caso, cuando hablamos de relación pedagógica, hablamos de toda relación que tiene como intencionalidad la acción de enseñar y aprender. Si bien en esta relación se define quién enseña y quién aprende, esta relación tiene un movimiento continuo natural del proceso, no se puede enseñar sin aprender nada y no se puede aprender sin enseñar nada.

En esta relación, es necesario entender que quien entra en la relación para enseñar tiene, en cierta manera, una posición automática de autoridad, sobre todo si tomamos en cuenta que el conocimiento es poder, por lo que sería una transferencia de poder, o un intercambio de poderes. Es una buena relación, ¿no crees? Al menos cuando se realiza por una elección apasionada de ambas partes, podemos decir que la relación pedagógica tiene su momento de amor y de fantasía, pero la realidad es que las relaciones pedagógicas son y han sido siempre conflictivas, especialmente cuando se habla de profesor y alumno, ya sea en escuelas públicas o privadas. Hay muchos modelos de enseñanza pedagógica que son resultado de estudios e investigaciones que demuestran ser realmente eficientes, hay muchos libros sobre educación y relaciones entre profesores y alumnos, pero en el día a día las cosas funcionan según la realidad de cada persona y de cada uno; los resultados muestran, tanto en Alemania, (el país en el que vivo actualmente) como en Brasil, que nadie está contento con los sistemas educativos escolares, ni los profesores ni los estudiantes.

La buena educación es aquella que despierta el potencial innato de los individuos, para que puedan encontrar un consenso sobre las verdades, como dije en mi libro "Quién eres realmente", las verdades siempre son verdades, diferentes interpretaciones, diferentes consensos, la verdad no hace la mitad de la verdad, la mitad de la verdad es mentira y la mitad de la mentira es mentira. Para aprender a analizar hechos, crear consensos y opiniones sobre realidades, verdades o mentiras es necesario tener buenas relaciones pedagógicas. La verdad es que, como cualquier otra relación, la relación pedagógica no se limita a un aula, ni a una persona, ni a un libro, es más amplia de lo que podemos imaginar y aunque quisiéramos, difícilmente podemos vivir sin aprender. cualquier cosa. Ya sea a un ritmo lento o a un ritmo rápido. Ya sea en casa, en la escuela, en el trabajo, en la calle, en las fiestas, en las reuniones con amigos, siempre estamos aprendiendo incluso cuando ignoramos este aprendizaje. La disciplina y el respeto son claves importantes en esta relación.

Relación religiosa

Pertenencia religiosa es un elemento muy importante para comprender, en gran medida, la forma en que formamos nuestras opiniones sobre las relaciones. Es inevitable decir que lo que controla las relaciones es el interés, cualquiera que sea el objeto de la relación, sin importar a qué categoría pertenezca, a qué clase o grupo. Si algo no te interesa ni lo mires. Lo importante es ampliar esta visión, eliminando la tendencia a hacerlo todo personal.

No necesitas juzgar las cosas según tus intereses. León Tolstoi [12]decía que hay quienes pasan por un bosque y sólo ven leña para el fuego. Nosotros como humanos debemos ver la vida tal como es, sin querer proyectar nuestros intereses, sobre todo para descubrir el mundo, las personas, las cosas y nuestra relación con todo de una manera verdadera y realista, necesitamos quitar los tonos grises que nuestro

____

[12] León Tolstoi (1828-1910). En 1901, Tolstoi fue excomulgado por la Iglesia Ortodoxa, de la que fue un gran crítico. Pero esto no impidió que el escritor se considerara cristiano. En ese momento era un anarquista pacifista que criticaba el servicio militar, el voto y el poder judicial.

interés deposita en las cosas, esto nos quita la visión y la posibilidad de ver las cosas como realmente son. La religión, como parte importante de una sociedad, tiene el potencial de crear en nosotros el interés de ver las cosas en nuestras relaciones como realmente son, y la verdad es que somos seres incompletos, por eso somos imperfectos y nos relacionamos con otros seres también incompletos e imperfectos. Lo bueno es que si todos tenemos el mismo objetivo de ser cada día mejores personas la relación se vuelve mucho más fácil, lo cual sería un gran paso. Tanto la religión como la filosofía ayudan al ser humano a ver, interpretar y analizar, incluso en profundidad.

Pero la relación religiosa, aunque ayuda a muchos a descubrirse a sí mismos, también puede ser un instrumento de deshonestidad hacia uno mismo, sirviendo de escudo para encerrarse en un mundo egoísta, sin relaciones realmente verdaderas. Las relaciones dentro de la religión son tan superficiales como las relaciones fuera de la religión, cada paso, cada palabra, cada actitud tiene el peso de un interés totalmente personal, o la preservación de una imagen de persona buena, correcta y justa que no es más que una fantasía. Esto sucede en todas partes del mundo y en los grupos religiosos no es diferente, sea cual sea la religión, por lo que las relaciones giran en torno a puntos de vista egoístas y personales, claro, al igual que en otras relaciones, la religión sufre influencias y cambios con el tiempo, la relación entre religión y sociedad es un hecho que se da tanto en la historia de las religiones como en la historia de las sociedades.

La relación religiosa es una relación que adquiere diferentes características, según los tiempos y contextos. La religión está influenciada por la cultura, pero también influye en la cultura de quienes viven a su alrededor, pero no podemos negar que la religión permite un mayor conocimiento de los valores que rodean a una sociedad, especialmente de sus valores éticos. Las creencias religiosas tienden a conceder especial importancia a la vida familiar y a ofrecer normas y redes que fomentan la solidaridad familiar. La creencia en Dios y en una vida después de la muerte está lejos de disminuir el interés por la vida actual, más bien al contrario, esta creencia hace que las personas se comprometan más. La religión juega un papel fundamental en la educación de niños y adolescentes, al proporcionarles una visión amplia de lo que está bien y lo que está mal, revelando su comprensión de la realidad de la vida y sus objetivos esenciales.

Los puntos negativos y positivos existen en cada situación de la vida, no sólo en las relaciones sino también en las cosas. Algo que aparentemente no representa nada malo y nada negativo aún puede usarse para hacer el mal. Usemos un ejemplo de un vaso de agua, ¿qué daño y qué negatividad puede representar esto? Ninguno, pero aun así alguien podría tomar este vaso, tirar el agua, romper el vaso y lastimarse, o intentar lastimar a alguien más con él. Como seres humanos, con el potencial que poseemos tenemos el poder de hacer y usar las cosas tanto para el bien como para el mal.

Entonces, si tienes una relación crítica con la religión o las religiones en general, debes comprender que no es posible juzgar algo basándose en lo que se le ha hecho. Los seres humanos tenemos una creatividad para distorsionar las cosas fuera de lo común, no hay nada en este mundo que nosotros como seres humanos no hayamos utilizado ya con fines ocultos. Independientemente de lo que la gente haga con la religión o en nombre de ella, la religión es muy necesaria en la pirámide de la civilización (filosofía, ciencia, política, artes y religión). Es muy importante saber que no siempre lo que se etiqueta como religión es realmente religión, así como no todo lo que se etiqueta como política es realmente política, lo mismo ocurre con las ciencias y las artes. Estos son los tonos grises de las relaciones humanas, por eso es muy importante tener discernimiento, y ahí es donde entran el conocimiento y la sabiduría. Sólo el conocimiento ayudará a los seres humanos a distinguir qué es realmente la religión, y así sucesivamente, es posible nunca decir si algo es bueno o malo sin conocimiento, sin discernimiento y sin sabiduría.

Relación económica

Relaciones basadas en el comercio y la economía, aunque parezca una interacción entre bancos, gobiernos, familias y empresas sin grandes conexiones personales, la verdad es completamente diferente. La realidad es que el espacio que ocupan las relaciones económicas es mayor del que podemos imaginar. Este espacio ejerce una influencia constante y es de gran importancia para todas las demás relaciones, aunque todas las relaciones sociales están conectadas, la relación económica, aunque no se mencione, o cuando simplemente se ignore, aun así, está ahí ejerciendo su influencia, y esto independientemente de la cultura o el país.

La economía siempre ha sido parte de la civilización, no es casualidad que sea una ciencia social que estudia el comportamiento de las personas, para ella es muy importante la relación mercado y consumo. Esta relación tiene un enfoque muy importante para la ciencia económica, que es la generación de ingresos, ingresos personales, ingresos familiares, ingresos para el gobierno, ingresos para las empresas ¡etc.! La verdad es que la economía tiene el poder de cambiar el estado de ánimo de una nación entera. Si tenemos una crisis económica, todas las demás relaciones se ven afectadas. El secreto está en dominar esta relación, saber cómo funciona la economía y las crisis económicas y saber qué tan dependiente eres de las fluctuaciones económicas, además de saber en qué se basan tus otras relaciones.

Lo importante para nosotros como individuos es saber que la mayoría de nosotros vemos el poder económico como un éxito, esta relación económica de éxito y fracaso determina nuestra forma de actuar en otras relaciones. Una cuestión muy importante en la sociedad actual es que la mayoría de nosotros somos más superficiales de lo que deberíamos ser. Estamos dando valor a muchas cosas que no deberían estar en nuestra lista de prioridades. Esto no es un juicio, es una observación que debe hacer usted y nadie más. El poder económico nos ha traído al momento presente. El poder de consumo nos ha dado el poder adquisitivo para disfrutar de las múltiples ofertas de entretenimiento, el gran problema es que para muchos la vida se ha convertido en solo eso, una búsqueda constante de entretenerse, pero entretenerse con lo que no se quiere ver. ¿No podemos prestar atención también a otras cosas, cómo nos convertimos en mejores seres humanos, por ejemplo?

Por supuesto, la superficialidad no es algo que nació ahora, ha existido siempre. El poder económico y las ofertas de entretenimiento no han hecho más que maximizar esto, pero ¿nuestro contexto cultural fomenta la superficialidad o intenta alejar a la gente de la superficialidad? Es una buena pregunta sobre este tema, cuando discutimos nuestra relación con la economía, ya que la definición más dada del objetivo de la economía es que existe para organizar políticas que articulen la producción, la distribución y el consumo de bienes y servicios, con el propósito de minimizar problemas y maximizar beneficios en favor de su y mi calidad de vida en la sociedad.

Pero volviendo al tema de la superficialidad y el embrutecimiento de la sociedad, por supuesto que necesitamos escuchar música, ver una película, etc. ¿Pero estas canciones y estas películas no podrían usarse también para agregarnos valor? ¿Es posible que para que esta relación económica logre crecimiento y sostenibilidad sea necesario que usted, yo y otros consumamos películas y música tan artificiales? Si bien la decisión es de la propia sociedad, ya existía un contexto civilizador y cultural que invitaba a crecer intelectualmente, lo que vemos hoy es una infantilización de la sociedad. ¿Hasta dónde juega la economía en este contexto de Pandemia de Soledad?

Lo que parece es que estamos siendo invitados a ser cada vez más superficiales, no hay ninguna invitación en la vida cotidiana de la sociedad moderna a reflexionar, sí tenemos invitaciones a ser cada vez más artificiales, más y más intolerante, pensando cada vez menos. Como si pudiéramos comprar la vida ya hecha, basta con jugar, pero lo cierto es que la economía en cierto modo puede considerarse inocente hasta cierto punto, ya que los productos se ofrecen según la demanda. Tal como están las cosas hoy, intentar ir en contra de toda esta superficialidad es muy difícil, es ir contra la corriente. Para que la gente abandone este contexto, tendría que haber todo un contexto cultural involucrado, pero ¿cuál sería el impacto en la economía? Pero si todo este embrutecimiento social afecta a la economía, seguramente veremos acciones en este contexto en un futuro próximo, pero la cuestión es que la soledad, el individualismo exagerado hace que la economía crezca, especialmente las relacionadas con el entretenimiento, ofreciendo opciones a las personas para anestesiar su soledad y desviar su atención de las dificultades que tienen para relacionarse. ¿Es eso realmente?

Quién influye más, los consumidores influyen en la economía, la economía influye en los consumidores. ¿Cuál es el poder de acción y reacción, en la relación entre el mercado de producción y el mercado de consumo? El secreto está en desarrollar una visión amplia y lógica de todo aquello a lo que estamos conectados, con relaciones bien definidas y una conciencia clara de todo lo que sucede a nuestro alrededor, ya sea el ser humano que quieres encontrar en tu camino o el ser humano que sabe relacionarse con el mundo de manera consciente, con límites que no te impidan volar dentro de ti mismo, sea cual sea la relación.

Todo comienza dentro de nosotros, el entorno nos influye y puede traer cambios a nuestra vida, incluso emocionales, pero sólo si lo permites. Sólo nosotros tenemos el poder de cambiar el medio ambiente. Necesitas analizar el poder que el mercado económico está teniendo sobre tus decisiones, y la influencia que tiene en tus relaciones, pero ¿cuáles son los factores que han influido en tus decisiones de consumo? Son estos factores del comportamiento humano los que deciden cómo el mercado creará sus estrategias de ventas. No cambiarás el mercado cuando tomes conciencia de esto, cambiar tus hábitos sólo trae beneficios o perjuicios a ti y automáticamente a las personas que te rodean, pero desarrollar el control sobre tu consumo y tus finanzas ayuda a desarrollar seguridad y es parte del proceso de autoconocimiento. Para que tengas suficiente material para un autoanálisis del consumo, te enumeraré aquí los factores que influyen directamente en ti, son: factores sociales, factores culturales, cuestiones psicológicas, personalidad, miedos y necesidades, amigos cercanos y familia, etapa de vida en la que te encuentras, hallazgos, nuevas tendencias, etc. Si no piensas en estos factores al momento de tomar una decisión de consumo, debes saber que el mercado económico piensa en ellos todo el tiempo, para crear sus estrategias de ventas. Evalúa tus sentimientos y descubre qué es lo que más influye en tus decisiones a la hora de consumir un producto o servicio. Si necesitas cambiar algo en tu relación con el mercado económico, hazlo pensando en tu salud física y mental.

Relación de trabajo

No vamos a hablar aquí de los tipos de relaciones laborales entre empleado y empleador, líder y subordinado, socios, etc. Pero tomemos este anzuelo para hacer una pregunta importante, ¿una persona con un excelente currículum, con 10 años de experiencia universitaria o profesional, la convierte en un buen jefe o un buen compañero de trabajo? ¿Estos años de estudio y trabajo garantizan que una persona sea honesta, tenga carácter, que sea una persona buena y generosa? Probablemente tu respuesta será no. Los años de experiencia, el puesto no te da parámetros del currículum de la persona, puedes deducir si esta relación será buena o mala en el ambiente laboral, por eso en esta relación es importante observar algunos parámetros muy importantes, sobre todo porque aquí en el ambiente laboral es mucho más visible el pensamiento de que para que alguien gane el otro tiene que perder, ya sea un compañero de trabajo, sea un competidor comercial, o no, por mucho que intentemos implementar una cultura de cooperación, cada persona tiene su propio papel y cada uno tiene su propia importancia para el conjunto, es decir, una cultura en la que todos ganan, yo gano si tú ganas, si tú ganas yo gano, pero eso acaba no prevaleciendo en la mayoría de las situaciones, pero sea cual sea el caso, las interacciones en el trabajo son fundamentales para promover un entorno saludable y productivo, un entorno como este beneficia a ambas partes.

La idea del intercambio en el lugar de trabajo pretende beneficiar equitativamente a ambas partes. Aquí recordemos que nuestro enfoque está en las relaciones y en este ambiente laboral es tan importante como en cualquier otro ambiente, particularmente diría que aquí la importancia sube un escalón, al fin y al cabo, es en el trabajo donde dedicamos nuestras mejores horas, nuestras horas más productivas y los mejores años de nuestra vida, los mejores años de nuestra vida en vitalidad y productividad. Tener buenas relaciones en el trabajo no depende sólo de ti, sino de cómo ves y reaccionas ante las interacciones en este entorno.

Un primer paso hacia una buena relación es estar dispuesto a construir buenas relaciones, el pensamiento de sólo quiero hacer mi trabajo, hablar sólo lo necesario, ganar mi dinero e irme a casa en paz no contribuye a una relación armoniosa. Te excluyes de la rutina de tus compañeros de trabajo y excluyes a tus compañeros de trabajo de tu rutina. Esto puede parecer una buena opción al principio, pero con el tiempo se vuelve incómodo tanto para usted como para sus colegas. Estar dispuesto a contribuir a las buenas relaciones interpersonales en el ambiente laboral es la mejor opción. Estar dispuesto te lleva a algunas pequeñas, pero muy importantes actitudes:

Primero - deshazte de los juicios previos sobre las personas.

Segundo – Ten empatía, no diría que te pongas en el lugar de la otra persona, porque para hacerlo tendrías que ser la otra persona, pero intenta comprender a la otra persona y trata de imaginarte a ti mismo en el otro lado de la historia. y cómo reaccionarías si fuera tú, puede ayudar mucho ver la realidad desde diferentes perspectivas.

Tercero – Entiende ciertas cosas, no vale la pena tomarlo todo literalmente. Haga todo lo posible para superar los problemas de forma equilibrada.

En el ámbito laboral, como en muchos otros entornos, incluido el propio entorno familiar, siempre tendrás que lidiar con personalidades diferentes. Hay personas aparentemente silenciosas y tranquilas, pero también hay personas expresivas y conversadoras que muchas veces resultan incómodas, además, todavía estás tú, que también tienes tu propia forma de ser y de actuar. Respetar la individualidad y el espacio de los demás es fundamental para una buena relación, el secreto es tratar bien a las personas.

Sólo hay un factor importante en este entorno, que separa el lado profesional del personal, por supuesto, tenemos muchas historias hermosas que nacieron en el lugar de trabajo, como amistades que duraron para siempre, personas que se conocieron en el trabajo y se casaron, pero en la medida de lo posible, la mayoría de las relaciones tienden a permanecer solo en el ámbito profesional, por lo tanto, evite asuntos personales dentro del ambiente laboral y nunca haga comentarios que no sean acordes con el ambiente, recuerde que usted necesita llevarse bien con todos y que todos deben llevarse bien con usted. No importa qué tipo de persona prefieras, deja de lado tus preferencias en el ámbito laboral y llévate bien con todos.

Otro factor muy importante es la tendencia que tienen algunas personas a querer tomárselo todo personalmente. En tu día a día laboral es habitual que tu jefe o incluso algún compañero te llame la atención de una forma que no te guste, o tal vez entres en un choque de ideas con tus compañeros, sobre un proyecto, sobre la organización del lugar, no importa el tema, si las conversaciones y discusiones se basan en el respeto, no habrá motivo para sentirse afectado personalmente, es necesario comprender que los desacuerdos son saludables para la evolución y el aprendizaje.

A veces podrías pensar que no es necesario decir las cosas obvias, pero son las que no se pueden dejar de lado, así que elegí las relaciones en el lugar de trabajo para hablar de bondad. Ser amable no es una característica individual, es un comportamiento que todos debemos cultivar y desarrollar en todas partes. Si fuéramos amables, no nos trataríamos tan mal. Sea cortés con las personas sin importar su posición, salude a cada persona con la misma intensidad de emoción, incluso si estuvo estresado por esa persona el día anterior. ¡Separe el trabajo de los humanos!

Si todo lo que has leído hasta ahora te ha llamado la atención sobre algunas actitudes en tus relaciones que te gustaría cambiar, hazlo poco a poco. Si siente que todavía no estás haciendo todo lo posible para construir buenas relaciones en el lugar de trabajo, no intente cambiar de la noche a la mañana; en primer lugar, no funcionará por mucho tiempo y, en segundo lugar, la gente se sentirá confundida por su nuevo comportamiento. Así que tómatelo con calma y haz de tu cambio un proceso natural.

Organizar el desorden en las relaciones

Quizás ya estés cansado de escuchar que estamos aquí para evolucionar, para ser mejores personas. Esta declaración no es religiosa, pero si nos paramos a pensar honestamente, vamos caminando a paso lento, cuando parece que lo estamos consiguiendo, el orgullo, la avaricia, el egoísmo nos agarran de la mano y nos llevan a donde no queremos ir, aquí vamos a hablar de cómo nos relacionamos con nuestra propia personalidad, y no podemos hablar de personalidad sin citar teorías existentes sobre el tema, después de todo, ¿cuántas teorías de la personalidad existen y cómo surgieron?

Existen varias teorías de la personalidad, incluida la teoría psicoanalítica de Freud, la teoría cognitiva social de Bandura, la teoría humanista de Maslow y Rogers, la teoría de los rasgos de Eysenck y Costa y la teoría biológica de McCrae y Eysenck. Entre las teorías psicodinámicas, dos autores, los psiquiatras Sigmund Freud y Carl Gustav Jung, desarrollaron fundamentos sobre la personalidad que se consolidaron con el tiempo. Freud fue el primero en formular el concepto de teoría de la personalidad, con el reflejo de estas teorías tenemos la teoría de las 12 capas de la personalidad creada por Olavo de Carvalho. Olavo de Carvalho desarrolló la teoría de las 12 capas de la personalidad humana a partir de su conocimiento y análisis de las motivaciones de las personas. A partir de ahí añadió los elementos fundamentales para que la teoría se convirtiera en una psicología general. Las teorías de la personalidad nos ayudan con el autoconocimiento y la comprensión de nuestra evolución humana del carácter y la estructura emocional, es muy importante no sólo para los profesionales del comportamiento humano, sino para todo aquel que quiera entender cómo funcionan las motivaciones, las emociones y los pensamientos.

Con esta comprensión es posible ayudarse a sí mismo y a los demás. Comprender nuestras motivaciones, emociones y pensamientos marca la diferencia en nuestras relaciones.

A veces queremos encontrar atajos o soluciones alternativas que nos hagan dar vueltas en el lugar, entrando así en un círculo vicioso de conductas y acciones repetidas inconscientemente. Según las teorías de la personalidad, permanecemos atrapados en la misma capa sin llegar a cerrar este ciclo. Hay personas que llegan a un punto en que cuando una fase de la vida o esa capa de la personalidad comienza a cerrarse, la persona se abre hacia otro lado, se sabotea, utiliza un diagnóstico de trastorno o enfermedad física. La persona inconscientemente y por alguna razón no quiere salir de donde está, no quiere sanarse, no quiere recuperarse, aunque verbalice de manera diferente. ¿Por qué es eso? Porque, si deja la relación abusiva ya no será víctima, si deja un trabajo opresivo ya no será víctima, si esta persona se cura de un diagnóstico de trastorno psicológico ya no será víctima de la enfermedad, si se cura de algún síntoma físico que lo acompaña, como la migraña crónica, ¿cómo se justificará? Es como si la persona estuviera atrapada en una dimensión e inconscientemente no quisiera salir de allí porque si lo hace no sabe qué hacer, no sabe quién va a ser sin ese problema.

Dejemos claro que cada caso es diferente y por eso es importante el método de terapia 'Pilar Único', primero debes trabajar en lo que realmente quieres. Aunque parezca sencillo y fácil, lamentablemente no lo es. Verbalizas posibles soluciones sin saber si eso es realmente lo que quieres. A veces sólo expresas tu deseo con palabras, porque es obvio.

Hay un hecho social muy importante por revelar, si no estás preparado para revelaciones fuertes, deja de leer el libro aquí. Si eres el tipo de persona que busca curas paliativas más que definitivas para tus problemas de relación y no eres una persona interesada en conocer la realidad de los hechos, te resultará complicado leer este libro a partir de aquí, pero la realidad es que existe un fenómeno social que afecta a una gran mayoría de la civilización, independientemente del continente. En algunos países más y en otros menos. No hay ningún estudio sobre esto, al menos que yo sepa, pero algún sociólogo o periodista de investigación debería investigarlo en profundidad, para medir la mezquindad de la gente en el mundo y en Brasil. Hablaré de mi país de origen en particular sin excluir a otros. En Brasil es posible ver la visión sesgada del pueblo, un pueblo que no puede ver la grandeza es un pueblo que no puede entregar la grandeza. ¿Cómo puedes evolucionar tu personalidad? O según los estudios de las capas de personalidades, ¿cómo se pasa de una capa a otra?

Cómo una persona logra evolucionar de una fase de la vida a otra, cuando logra tocar el amor, el amor estable, el amor que sabe dar sin pedir nada a cambio.

"¡Qué fuerte se vuelve una persona cuando está segura de ser amada!"
Sigmund Freud

Esto es muy difícil incluso entre madres y padres, porque siempre existe un deseo de reconocimiento, independientemente de qué relación estemos hablando, el tema de que las personas que te rodean siempre quieran algo de ti hace que esta fase de tu vida, no se cierre, no se haga realidad, porque querer algo de alguien es infinito, la persona siempre lo querrá, les darás una cosa y querrán otra, les darás esas otras y querrán todavía otras y las seguirán queriendo, le darás lo que quiere ahora. ¿Quién tiene un gran amor beneficioso e incondicional para darte?

En definitiva, necesitamos amar para no enfermarnos.
Sigmund Freud

La gente en general no puede ver la grandeza en los demás y tampoco puede ofrecer grandeza. Tendemos a juzgar a los demás en función de nuestras propias acciones y experiencias. ¿Cómo puedo ver la grandeza en otra persona si no tengo grandeza en mí mismo? ¿Y qué es la grandeza sino la capacidad de amar?

Por ejemplo, en Brasil actualmente tenemos 37 santos canonizados y 54 beatos, entre ellos la Beata Isabel Cristina Mrad Campos, beatificada el 10/12/2022, Brasil tiene 500 años de colonización y es un país católico, Japón es budista y tiene 26 santos, pocos sabéis que la Iglesia católica tiene 26 santos japoneses, pero ¿tú qué tienes que ver con esto?, tal vez ni siquiera seas católico, pero la cuestión es que tiene mucho que ver, tiene todo que ver con nuestro desorden relacional.

¿Cómo se desarrolla el proceso de canonización de un santo? Para ser considerado santo entre los católicos hay que pasar por tres etapas: confirmación de las "virtudes heroicas", beatificación y canonización. Los dos últimos requieren prueba de un milagro, pero lo más difícil es constatar virtudes heroicas, reconocer que el otro puede ser un héroe sin poderes especiales, ser normal como tú y ser considerado un héroe no encaja en el egoísmo de muchas personas.

Las virtudes heroicas de alguien deben ser vistas por toda la comunidad. Todas las personas que rodean a esta persona deben reconocer su grandeza y pedir al Obispo que esta persona sea canonizada. Para que esta petición llegue a Roma, toda la comunidad tiene que preguntar y afirmar que esa persona es más grande que ellos, por eso somos una población de 2 Billones de cristianos y tenemos aproximadamente 11,300 santos, entre los años 1588 y 2019 proclamaron santos a 835 hombres y 221 mujeres. [13] En la época en la que más creció el cristianismo, presento aquí el reconocimiento de los santos en la Iglesia Católica porque crecí escuchando a mi padre decir que, si las personas fueran santas, fácilmente verían la santidad en otras personas y Roma ya no tendría tiempo para canonizar a los santos, porque habría demasiados santos, la única salida sería reconocer que la interpretación de las iglesias protestantes es correcta, todas son santas. Pero detengámonos aquí en este tema, sólo utilicé esta observación para resaltar la cuestión del reconocimiento de las virtudes en los demás.

Nuestras relaciones con los demás van de mal en peor, cuando alguien hace algo noble, o demuestra que es mayor que tú en términos de magnitud, la observación que se hace la mayoría de las veces es justificación para devaluar el acto del otro. - Pero esta persona solo hizo esto porque venía de esta familia noble y reconocida por todos, en este caso lo haría mejor.

- O lo hizo porque es rica, o seguramente tiene otras intenciones, etc.

---

[13]Diario PUC/SP del 21/07/2023 - https://j.pucsp.br/noticia/artigo-santidade-feminina

Esto es mezquindad, egoísmo, falta de nobleza. ¡Y mira la situación en Brasil entonces! Quizás digas que esto no es nada nuevo. Pero la pregunta es, cuando dices eso, ¿te incluyes a ti mismo? ¿Te das cuenta de que tienes que cambiar o no te estás incluyendo a ti mismo? ¿Te ves a ti mismo como una excepción? Recordando que existen excepciones, independientemente de si estamos de acuerdo o no con la canonización de santos, este ejemplo sirve para medir el alcance de la hipocresía social. ¡No es que no haya gente buena que merezca ser reconocida, la hay! Lo que no tiene es comunidad, gente que vea esto. Esto no tiene nada que ver con la religión, es un fenómeno sociológico. Esto es lo que hace que las personas estén cada vez más enfermas emocionalmente, no pueden pasar por alto las fases de su personalidad y continuar progresando por lo que se detiene, la mayoría de las veces en la cuarta capa (Ver adjunto al final).

A la hora de organizar nuestro desorden emocional en las relaciones, debemos cambiar la envidia por la admiración, en lugar de culpar y exigir. Buscas reconocer lo bueno en los demás. Puedes decir que hay personas en mi vida con las que no puedes hacer eso, ¡está bien! Debes tener en cuenta que cada caso es diferente y dependiendo de tu historial de relación con esta persona, no podrás hacer esto solo. En este caso, busque ayuda, pero quita el "no puedo" por "no quiero", o "quiero o quisiera, pero no estoy listo todavía", necesito tiempo para eso, etc. Pero no aumentes tus deudas emocionales utilizando argumentos que abran aún más tus heridas, decide para tus relaciones hasta dónde estás dispuesto a llegar por ellas.

No podemos cambiar las relaciones pasadas y todo lo que sucedió en el pasado, pero la forma en que manejas tu pasado sí puede. El pasado es muy importante para que decidas cómo quieres vivir hoy, qué aprendiste que quieres preservar y qué experiencias necesitarás para reeditar tus sentimientos hacia ellas. Tus relaciones están en tus manos desde el momento en que actúas y reaccionas conscientemente ante cada situación. Un tema muy grave en las relaciones es pensar que la otra persona debe actuar hacia nosotros, según nuestras expectativas.

Vea este ejemplo:

¡Emma conoció a Hauke en un seminario de fin de semana promovido por las empresas para las que ambos trabajaban! Emma conoció a Hauke es una afirmación incorrecta, a veces las personas creen que conocen a la otra persona en la primera conversación larga que tuvieron, crean sus expectativas y las viven. Frustrarse por el resto de la relación y echarle la culpa a la otra persona por el hecho de que no funciona. En el caso de Emma y Hauke, tenían intereses diferentes. A Hauke le gustaba estar en casa, leer mucho y a veces salir con amigos a charlar en lugares tranquilos y pacíficos, lugares propicios para buenas conversaciones, pero a Hauke le gustaba hacer esto solo, sin Emma. Lo que de ninguna manera significaba que no disfrutara estar con Emma. Sobre todo, porque a Hauke le gustaba llevar a Emma a cenar e ir al cine con ella. Emma, en cambio, no se imaginaba un fin de semana en casa. Tenía que salir a beber y bailar, de lo contrario sería como perder la vida y Emma ahora quería que Hauke estuviera con ella en las fiestas del fin de semana. Hauke, por su parte, ni siquiera podía imaginarse ser parte de los fines de semana de Emma. La relación terminó en un fracaso porque no estaban dispuestos a hablar sobre el tema mientras los adultos maduros se preparaban para pasar a la siguiente fase de la vida.

No aceptar la forma de ser de Hauke es un derecho de Emma y no aceptar la forma de ser de Emma es un derecho de Hauke. Lo que tenían que decidir era qué cambiar en su rutina para que la relación funcionara, sin invadir la forma de ser del otro. Cambiar es una opción, pero Hauke no tiene este poder sobre Emma y Emma tampoco tiene este poder sobre Hauke, todos y cada uno de los cambios que fueran necesarios tendrían que venir de la iniciativa de cada persona y con eso deciden juntos la mejor manera para continuar con la relación. Ambos querían ser comprendidos por el otro, pero ninguno quería comprender al otro y aceptar al otro. En realidad, ni siquiera hablaron de ello y cada uno a su manera coincidió en que no había manera de que pudiera funcionar. Ambos sufrieron y se quedan solos, pensando el uno en el otro y culpándose, por supuesto.

Determinar un rol social para los hombres y otro para las mujeres tiene sus límites. En la relación real dentro del espacio privado de ambos debe haber consenso, respeto y compañerismo. Ambos tienen que decidir si vale la pena abandonar ciertos hábitos por el otro o no, si quieren cambiar o no y lo más importante, estar preparados para las consecuencias y tiempo para adaptarse a una nueva vida juntos, todo debe ser un consenso de iguales; si no es así, alguien será infeliz y aunque la relación dure, alguien habrá renunciado a su salud mental y a su propia vida por una relación, en nombre de una ilusión o de una apariencia, para satisfacer una demanda social, para evitar escuchar de los demás que si no tienes una relación estable, entonces tienes un problema. Ésta no es la intención de las relaciones, amar a los demás significa mirar a los demás y verlos, y esto se aplica a todas y cada una de las relaciones.

Organizando el desorden emocional del victimismo

Hablemos una y otra vez de victimismo. El victimismo es quitarles el foco a las víctimas de las verdades, esa actitud de víctima, de proyectar todos sus problemas en los demás, de culpar a sus semejantes por sus fracasos, por su tristeza, por su malestar, esto se llama enfermedad mental, esto es paranoia, esto es identificación proyectiva, esto no conduce a un buen resultado.

Y aquí estamos hablando de hombres y mujeres, aunque en algunos aspectos funciona diferente para cada uno. En el caso de los hombres, en la mayoría de los casos, actúan como víctimas, llevando esta proyección a la vida social y económica. Las mujeres hacen esto en las relaciones la mayor parte del tiempo. Las mujeres, como sabemos, tienen diferencias genéticas con respecto a los hombres y esto es innegable. La mujer es genéticamente diferente al hombre, y el hombre es genéticamente diferente a la mujer y sin entrar en temas que no son parte de nuestro enfoque, tenemos que decir aquí que, aunque una mujer o un hombre reciba hormonas desde pequeño, la diferencia genética de lo que estamos hablando aquí no cambia.

Entonces ésta es la diferencia entre mujeres y hombres, las mujeres son muy hábiles en la vida emocional, en las relaciones en general, en todas las relaciones humanas. Así mismo, es en las relaciones interpersonales donde las mujeres también tienen problemas y consiguen superarlos con éxito. Los hombres tienen más problemas de relación en la vida social, en la vida económica, la paranoia de los hombres proviene en este ámbito de la integración social.

El hombre en casa pierde a la mujer, porque no tiene la energía emocional, no tiene la misma disposición para discutir la relación, no posee la fuerza para enfrentar a la mujer en una discusión, que pone en la mayoría A veces todas las demás relaciones emocionales en contra de él, los hijos, los amigos, la suegra, etc. La tendencia del hombre es desistir y buscar subterfugios fuera del hogar, que pueden ser beber solo o con amigos, una amante o horas de trabajo innecesarias, o simplemente cambiar de relación, lo cual es muy fácil hoy en día, entonces cambia de pareja; mientras las aguas están tranquilas él navega en ellas, cuando las aguas están turbulentas el deja de navegar y va a buscar aguas más tranquilas, este es el comportamiento genético masculino. Esto no impide, ni frena, el ponerse en el papel de víctima, culpabilizando a la mujer del fracaso de la relación. Uno de los argumentos que suele utilizar el público masculino es que las mujeres están descontroladas, estresadas, neuróticas, etc. y aun cuando van más allá de los límites, también es culpa de la mujer que no supo identificar sus límites.

Lo cierto es que, evaluando todas las cuestiones de las relaciones, llegamos a la conclusión de que el ser humano busca la felicidad en la convivencia con los demás, dentro de todas y cada una de las relaciones por motivos contrarios a los que debería buscar. La mujer proyecta su felicidad en la otra persona, en su cónyuge, en sus amigos, en sus hijos, en sus compañeros de trabajo y luego dice que la otra persona la decepcionó. Aunque hoy en día tiene una búsqueda similar a la masculina, en los bienes materiales logrados por ella misma. Finalmente, necesitamos retroceder y ver cuándo empezó todo esto, hoy ni las mujeres ni los hombres quieren reconocer la grandeza del otro, quieren ser reconocidos, no quieren alianzas, quieren éxito individual.

¿Qué harías si supieras que sólo te quedan 24 horas de vida? Este es un ejercicio que recomiendo a todos que hagan al menos una vez a la semana. La mayoría de las veces la respuesta es muy sencilla, ni siquiera necesitas tiempo para pensar. La conciencia de que tu vida llegará a su fin en unas pocas horas, toma tu esencia humana del inconsciente y la lleva al consciente, que es lo que estamos reprimiendo con superficialidades todo el tiempo, ser superficial es un gran problema hoy en día en la sociedad. Todas nuestras relaciones se basan en motivos efímeros, ejemplos:

- Tu jefe es un monstruo con todos sus empleados, pero contigo no. Entonces para ti es una gran persona y eso es suficiente.

- Decides que es hora de tener una relación seria y empiezas a conocer algunas personas, sin prestar atención a que tus definiciones de persona ideal se basan en características completamente efímeras, como un cuerpo bello, posición social y poder financiero.

- Quieres un amigo, un compañero, pero antes de abordar esta amistad quieres saber cuántos títulos universitarios tiene la persona, o de qué familia viene. Quieres algo de la persona y de lo que puedas estar orgulloso y eso no es carácter.

Para organizar este lío emocional es necesario ser maduro. Una amistad sincera no es viajar junto con amigos, una relación basada en el amor no se establece yendo a Bali de luna de miel o cenando en la Torre Eiffel de París. Las relaciones son instrumentos de madurez y espiritualidad, porque desde el momento en que quieres tener una relación real con alguien, mirarás a la persona, querrás saber quién es realmente, qué le gusta y qué es lo que la hace feliz, las relaciones basadas en el amor y la complicidad tienen el poder de sacarnos del barro del egoísmo. Una de las grandes funciones de las relaciones largas es llamar nuestra atención sobre cosas que hacemos sin darnos cuenta.

La gente deja de hablar, siente miedo de decir lo que siente y piensa, lo que para ella está mal en la relación, entonces, así empiezan bien una relación y cuando hay muchas cosas acumuladas que no se han resuelto, buscan otra relación porque piensan que ser feliz significa que la otra persona tenga que cumplir con sus expectativas y cuando eso no sucede, no consiguen tener la madurez para hablar, terminan la relación y buscan otra, no importa cuál sea la relación, si es con un amigo, con un esposo, con un novio, en la iglesia, en un grupo ideológico; si le piden que madure, la persona se irá, buscará otra persona u otro grupo y lo peor es que nunca fue culpa suya, estas personas siempre tienen la justificación perfecta y saben exactamente dónde está la culpa, y créanme, están seguros de que la culpa no es de ellos.

Orgullo Humano

Para hablar de nuestros corazones duros y orgullosos, no había manera de dejar de lado la Biblia. Siempre me pregunto: - ¿El lenguaje de la Biblia es literal o son figuras retóricas? En cualquier caso, no es de esto de lo que vamos a hablar, e independientemente de ello podemos interpretarlo trayendo sus enseñanzas hasta nuestros días. Sé persistente y lee este capítulo hasta el final, verás que tiene todo que ver con las relaciones. Vea la historia de los hebreos saliendo de Egipto hacia la tierra prometida, se suponía que sería un viaje de 40 días, pero duró 40 años. Eran esclavos del Faraón que no tenía ningún problema en hacer la vida de los hebreos lo más difícil posible. Ordenó matar a los niños varones que nacían de hebreos, creó objetivos de producción, luego aumentó los objetivos sin proporcionar el material, tenían que buscar pajitas y alcanzar el objetivo que era más alto y todo esto bajo el maltrato de los soldados egipcios. De todos modos, cualquiera que conozca la historia sabe que, después de todas las plagas que Dios envía, Moisés logra sacar al pueblo hebreo de Egipto y llevarlos al desierto en un viaje que se espera que dure alrededor de 40 días.[14]

---

[14]Esta historia la encuentras en la Biblia en el libro del Éxodo, que significa salida. Este es considerado por muchos como el paso más importante de la historia del pueblo de Israel, ya que hasta entonces los israelitas vivían como esclavos y esta liberación dio lugar a la primera Pascua.

El orgullo mantuvo al pueblo hebreo en el desierto durante 40 años. El desierto utilizado como figura retórica simboliza el dolor, la escasez, la falta de cura, la enfermedad, los problemas económicos, la esclavitud a las adicciones, etc. ¿Cuánto tiempo necesitas para salir de un desierto? El pueblo hebreo necesitó 40 años, estuvieron 40 años vagando por el desierto.

Para entrar en el tema del orgullo, hagamos una observación importante. Cuando era joven, siempre iba a la iglesia con mi padre y mis hermanos. En la liturgia siempre se enseñaban los 10 mandamientos y mi padre siempre decía que los mandamientos solo servían para los que eran libres, en ese momento yo no entendía muy bien, pero un día, leyendo la Biblia, sin saberlo me di cuenta de que los 10 mandamientos fueron dados en el monte Sinaí, cuando los hebreos fueron libres de los egipcios, ya no eran esclavos cuando se dio la ley de Dios.

Mi padre decía que la ley, las reglas y las normas sólo se las pueden dar a los que son libres, porque sólo los que son libres pueden infringir la ley. La ley se da para proteger a los buenos y para controlar el mal de los malos. Pablo de Tarso dice que la ley es buena. En las relaciones tenemos leyes, normas y reglas, a veces explícitas y otras implícitas basadas en normas existentes, pero siempre hay un problema cuando decidimos cambiar de vida, igual que lo tenían los hebreos. Los hebreos abandonaron

Egipto, pero Egipto no los abandonó. No tiene sentido cambiar de ciudad, cambiar de trabajo, ganar más dinero, cambiar de pareja, si tu interior no se transforma. Al principio de la nueva relación será bueno, pero luego todo vuelve a ser como antes, porque sois los mismos. Las circunstancias existen, pero tú tienes el poder de cambiarlas, pero primero necesitas pasar por el proceso de cambiar tu interior; y como dice la Biblia, es necesario nacer de nuevo y luego dar un paso tras otro hasta crecer.

Pero, ¿por qué las personas tienen dificultades para cambiar, sean religiosas o no, estén motivadas por la fe o no? La respuesta es el orgullo. Los sinónimos de soberbia son: Vanidad, altivez, presunción, pretensión, inmodestia, afectación, vanagloria, ostentación, etc. Un profesional en el campo del comportamiento humano sabe que podemos sustituir estos comportamientos por el miedo. Podría decir miedo e inseguridad, pero ¿qué es la inseguridad sino el miedo a no ser aceptado, a no ser mejor que los demás, el miedo a no cumplir con las propias expectativas?

Así que el sinónimo perfecto de **orgullo** sería **miedo**. El orgullo te hace tener miedo al cambio, miedo a la curación, porque el orgullo no te deja pasar por el proceso. Otra historia bíblica que vale la pena mencionar rápidamente porque muchos lectores de la Biblia no la conocen es la parábola del hijo pródigo

[15]que tomó su herencia, se fue de casa, lo gastó todo en fiestas y orgías de todo tipo y luego no tenía ni dinero para comer, teniendo que ir a cuidar a los cerdos, incluso ansiando la comida que los cerdos estaban comiendo. En ese momento recuerda la casa de su padre y piensa en regresar. No como un hijo, sino como uno de los empleados de su padre a quien sabía que trataban bien. Muchos piensan que se arrepintió en ese momento, pero no es cierto, su orgullo es tan fuerte que piensa en qué decirle a su padre, para conseguir lo que quería y necesitaba en ese momento, el único objetivo era salir de la miseria en la que se encontraba. Utiliza una expresión que parece muy humilde, pero que no es más que orgullo.

Y volviendo en sí, dijo: ¡Cuántos trabajadores de mi padre se sobran de pan, y aquí yo muero de hambre! Me levantaré e iré a mi padre y le diré: Padre, he pecado contra el cielo y contra ti. Ya no soy digno de ser llamado hijo tuyo; Hazme como uno de tus trabajadores.
(Lucas 15:17-20)

Ni siquiera piensa en disculparse o perdonar a su padre. Es como decir no voy a pedir disculpas, prefiero que me traten como a un empleado que renunciar a mi orgullo.

---

[15] Lucas 15,11-32

¿Has dicho o escuchado a la gente decir después de cometer un error?

- "No lo vi, ahora ya no está. No puedes volver atrás" o

- "Ahora es demasiado tarde, ya cometí un error y no puedes cambiar el pasado, no volverá a suceder" o

- ¿Me vas a criticar o me vas a ayudar, ya dije que cometí un error, ¿qué, quieres más? Lo importante es a partir de ahora".

Lo peor es que la mayoría de las veces el tono cuando la persona dice esto sigue siendo arrogante. Y todavía hay mucha gente que se engaña en las relaciones, pensando que la otra persona se arrepintió de haber admitido el error, sin analizar con qué intención lo admitió y si hubo arrepentimiento. Por eso en la Biblia nada comienza sin un arrepentimiento sincero. ¿El arrepentimiento hará que la persona nunca vuelva a cometer errores? No, en absoluto. Somos seres humanos y seguiremos cometiendo errores incluso sin querer, o por debilidad, o por error, etc. Pero el arrepentimiento sincero es el primer gran paso para cambiar la situación, cualquiera que sea. Esta historia bíblica trata sobre el amor y la bondad del padre, que verdaderamente amaba a sus hijos, aunque no fuera correspondido. La historia deja claro que los hijos sólo querían los bienes de su Padre y todo lo que éste pudiera proporcionarles.

El orgullo tiene una fuerte presencia en todas y cada una de las relaciones. Analizando honestamente la situación del orgullo, podemos llegar a la conclusión de que para superar el orgullo el primer paso no es ser humilde, primero hay que superar el miedo. El miedo nos empuja hacia el orgullo, el miedo a ser rechazados, el miedo nos hace querer ser independientes, el miedo nos hace incluso rechazar la existencia de Dios, o afirmar Su existencia, pero vivir como si Él no existiera. Por eso la Biblia siempre nos dice que no tengamos miedo.

"No tengas miedo".
Isaías 41:10

"En el amor no hay temor, pero el amor perfecto echa fuera el temor; porque el miedo implica castigo; y el que teme no se perfecciona en el amor".
1 Juan 4:18

Es el miedo que no te deja entregarte al 100 por ciento a una relación. Cuando Adán y Eva comieron el fruto que no estaba destinado a ser comido, como Dios había advertido sobre las consecuencias. Dios dijo:

"No comerás de él ni lo tocarás, para que no mueras".
Génesis 3:3

La conclusión a la que podemos llegar en la relación entre Adán, Eva y Dios es que Adán y Eva no se entregaron al 100 por ciento a la relación que tenían con Dios; al contrario, Dios así lo hizo, decidiendo amarlos sin importar sus acciones y sabiendo el poder que Dios mismo les dio para ser independientes y decidir por sí mismos, había preparado un plan para que no se destruyeran por completo en sus decisiones equivocadas. Cuando Adán y Eva comieron del fruto que no debían comer y Dios llegó al paraíso del Edén como de costumbre para hablar y caminar con ellos, ¿qué pasó? Adán y Eva se escondieron porque tenían miedo. Tenían miedo no porque estuvieran arrepentidos o tristes, sino porque no habían escuchado a Dios y no querían ver a Dios decepcionado de ellos.

El miedo y la conciencia de estar desnudos les hizo esconderse y cubrirse con una hoja de parra por miedo y orgullo. ¿Te has imaginado alguna vez si no se hubieran escondido de Dios, sino que fuesen corrido hacia Él y le hubiesen dicho: - Señor mira lo que pasó, comimos del fruto del árbol que tú nos dijiste que no comiésemos y ahora somos conscientes de nuestra desnudez, ¿por favor ayuda? ¡Nosotros cometimos un error! Esto mostraría que, aunque habían escuchado el consejo equivocado, lo que importaba era su relación con Dios, pero sin arrepentimiento y con el corazón lleno de orgullo, se culparon mutuamente. Adán le echó la culpa a Dios mismo por su decisión de comer el fruto, dijo: La mujer que me diste me dio el fruto para comer, la mujer a su vez dijo que la culpa era de la serpiente, ya que la engañó.

Culpabilizar a los demás por nuestras propias acciones, por nuestros fracasos, por nuestros errores, por nuestras decisiones equivocadas es una enfermedad y al parecer es muy antigua. ¿Alguna vez ha tenido o visto una relación entre dos personas en la que una siempre protege a la otra? A veces una persona hace algo estúpido y la otra se sienta ahí esperando a que cambie y actúe de manera diferente. Si no lo has visto en la vida real, debes haberlo visto en películas. Hay casos en los que una persona intrascendente (alguien que toma una decisión sin pensar) acaba poniendo en verdadero peligro la vida de su amigo e incluso de otras personas. Si la película es una comedia quizás incluso te rías de muchas de las situaciones, pero lejos de ser ficción, la realidad de una relación como esta no tiene nada de divertida.

En el caso de Adán y Eva, comieron del fruto porque querían ser como Dios, no se arrepintieron, le echaron la culpa a Dios y a la serpiente, y continuaron con sus vidas, el orgullo es exactamente eso. No me disculparé, cometí un error, ya lo sabes y la vida continúa. Al menos en ese momento Adán y Eva no llegaron a ser iguales a Dios. Dios era y es: Omnipotente, omnisciente, omnipresente, inmutable y eterno. Adán y Eva no se convirtieron en nada parecido, pero Adán y Eva representaban a la humanidad en ese momento y todo indica que la humanidad continúa persiguiendo este deseo de ser igual a Dios. Parece tener éxito o estar cerca de lograrlo. La humanidad representada por Adán y Eva no se arrepintió, mantuvieron su orgullo, aun cuando se cubren con la hoja de parra, envían el siguiente mensaje: Puedes dejar que nosotros lo solucionemos por nuestra cuenta. Entonces Dios viene y mata un animal y con la piel les hace ropa a ambos. Hasta ese momento no sabían qué era la muerte, comían frutas y verduras, que es lo que hoy en día intentan hacer los veganos. Sólo después de la caída de Adán y Eva la humanidad comenzó a alimentarse de animales y a comer vegetales y verduras cocidas.

De todos modos, sin arrepentimiento, sin conciencia real de todas las consecuencias que un error puede provocar, la humanidad sigue intentando excluir a Dios y al mismo tiempo queriendo ser como Él. Mira hasta dónde ha llegado la humanidad, con un celular Android en la mano la gente tiene un instrumento de ciencia con todo el conocimiento de las cosas buenas y malas. Con un Android en la mano estamos en el camino de ser iguales a Dios, somos Omnipresentes. Con un Android conectado a internet podremos estar actualizados en cualquier lugar, podemos lograr la Omnisciencia con GPT Chat, solo pregunte, solo pregunte a GPT Chat o Google y obtendrá la información que desea. Por supuesto, este es un ejemplo sin pulir, pero estamos en camino, la humanidad desea esto, incluida la eternidad de Dios. Ni yo, ni usted, ni nadie es capaz de imaginar cuánto y durante cuánto tiempo y dinero se ha invertido para que las células humanas puedan seguir renovándose con la misma capacidad que cuando eran jóvenes, es decir, para que las células humanas nunca envejezcan. Esto no significa sólo juventud, significa no morir nunca. Si tus células siempre se renuevan, permanecerás joven y saludable para siempre.

La humanidad desea tanto ser como Dios, pero no quiere tener el carácter de Dios. Quieres ser Dios en poder y en naturaleza inmutable y eterna, quieres tanto esto que no te importan las consecuencias, mira cómo vamos avanzando con la inteligencia artificial, ya nos han advertido expertos de todos los rincones del mundo sobre el peligro, pero pretendemos que no vemos ni oímos nada. Probablemente cuando ya no haya vuelta atrás y surja la consecuencia nos cubriremos con una hoja de parra, solución débil para un momento de emergencia que al primer viento fuerte nos la quitarán y quedaremos simplemente desnudos, sin solución por la estupidez que hicimos.
Pero usted se preguntará ¿por qué Dios puso ese árbol allí? ¿Solo para probar su creación? Probablemente no, ese árbol tenía otro uso para el paraíso y en el momento oportuno Dios se lo revelaría a su creación. Cuando no dejas que un niño juegue con un cuchillo afilado, le dices: - Es peligroso, no lo tomes y no dejes que tu hermana lo tome, si lo haces te lastimarás.

Metes el cuchillo en la cocina y sales, pero quédate cerca, no tanto como para quitarles a los niños la libertad de jugar. Pero luego buscas a los niños y descubres que tomaron el cuchillo y se lastimaron, entras a la cocina y están detrás de un armario tratando de detener la sangre de la herida con una toalla de papel, cuando te miran, tienen tanto miedo que olvidan lo que hicieron. Pero inmediatamente tomas los suministros de primeros auxilios, limpias y cierras la herida. Entonces sacas a los niños de la cocina, para que no pase nada más grave, cierras la cocina con una parrilla y prohíbes la entrada a los niños. ¿Por qué hiciste esto? ¿Tenías cuchillos en la cocina sólo para poner a prueba la obediencia de los niños?

Ciertamente todo tenía su función en el paraíso y para que Adán y Eva tuvieran acceso a todo hubo tiempo y el momento adecuado. El orgullo es un árbol con muchos frutos, da fruto de desobediencia, de rebelión sin sentido e infundada. Como si no fuera a hacer lo que me dices porque no quiero que nadie me diga qué hacer, incluso si es lo mejor y lo correcto para mí. Conociendo un poco de la naturaleza humana, la psicología utiliza la estrategia de las preguntas en la terapia, dejando que la persona encuentre sus propias respuestas y este puede ser un viaje que podría durar 4 sesiones o 40, o quizás años interminables con mejoras y recaídas. El árbol del bien y del mal, el árbol de la muerte y el árbol de la vida ciertamente están todos dentro de nosotros. Los mismos sentimientos que nos esclavizan en una adicción son los mismos que nos sacan de ella.

Volviendo al viaje de los hebreos en el desierto, ¿por qué Dios no sacó a los hebreos de Egipto y los llevó directamente a la tierra prometida? Porque los esclavos no viven en palacios [16], esa gente era gente esclava con mentalidad de esclavo, con comportamiento de esclavo, lleno de arrogancia, lleno de orgullo y victimización. Dios tuvo que pasar a este pueblo por el proceso de lapidación, el desierto no era para sufrir, el desierto era un lugar de aprendizaje, para que el pueblo cambiara y aprendiera a ser libre y solo así podrán habitar la tierra prometida hecha para personas con una mentalidad de rey, libres y seguros en sus puestos. Para ello fue necesario trabajar la arrogancia, el orgullo, la desobediencia y la victimización.

El orgullo juega un papel que la gente ni siquiera imagina. El orgullo es el principal responsable de las humillaciones que sufre una persona en la vida. El orgullo hace que las personas sean humilladas; cuanto más orgullosa es una persona, más humillación experimenta. Tomemos el ejemplo de los hebreos en el desierto cuando Moisés subió al monte y no volvió, dijeron: - No necesitamos a Moisés ni a su Dios, hagamos un Dios para nosotros, se llevaron todo el oro tenían y construyeron un becerro que era la imagen de uno de los dioses de Egipto. El becerro era el dios [17]de Egipto. Hicieron un dios donde iban a

---

[16]Recuerde que utilizamos figuras retóricas. Cuando lo comparamos con un palacio, no es aquí en la tierra donde son inescrupulosos, sino el palacio en el cielo, que se describe en la Biblia, con un Rey bueno y justo.

[17] Apis en la mitología egipcia era un intermediario constante entre el mundo de los vivos y el de los muertos, además de ser

adorar la fe de quienes los golpeaban, quienes los esclavizaban, quienes mataban a sus bebés varones. Dios usó a Moisés para liberar a ese pueblo lleno de orgullo e ingratitud, cuando las cosas no iban bien en el desierto criticaron a Moisés y dijeron que era mejor haberse quedado en Egipto, allí tenían carne y ollas de cebolla. El orgullo y la ingratitud hicieron de los hebreos libres por fuera más esclavos por dentro.
El orgullo es casi como una droga, una droga al principio produce un placer tremendo, pero las consecuencias que vienen después son terribles. El orgullo es lo mismo, al principio te crees fuerte, confiado, capaz de cuidar de ti mismo, pero luego vuelves a la condición de esclavo, esclavo de tu propio orgullo. Cuando los hebreos se mostraron orgullosos e ingratos con Moisés, al principio se sintieron fuertes y valientes al posicionarse de esta manera, pero esto sólo los llevó nuevamente a la esclavitud.

El famoso ángel de Dios que cayó y se convirtió en ángel caído llamado Lucifer no perdió todos los privilegios que tenía porque Dios lo sorprendió viendo películas porno, no fue porque quería ser millonario a toda costa, no fue avaricia, no era gula. El problema de Lucifer era el orgullo, como

---

un promotor de la fertilidad y el renacimiento cuando se asociaba con el dios Sol.

relata Ezequiel [18]en su libro "Lucifer, porque pensaba que era tan hermoso, se llenó de orgullo".

Ubiquémonos dentro de la historia del pueblo hebreo en el desierto, supongamos que estamos en esclavitud, en esclavitud financiera, esclavitud de conflictos familiares y matrimoniales, en esclavitud de enfermedades y adicciones y luego viene Dios y le dice a alguien que nos saque. A partir de ello, una persona te toma de la mano y te lleva por el camino de la transformación, la curación, el aprendizaje y el cambio. Pero cuando estamos en este camino no seguimos el camino, seguimos zigzagueando, uno dice para aquí y nos vamos, otro dice para allá y nos vamos. La persona que Dios envió sigue guiándonos, pero creemos saber más y él sigue los caminos que cree que serán mejores. Dios nos dice qué hacer, pero pensamos que esto es una intromisión y que sabemos lo que queremos.

Y luego pasa lo que pasa, el desierto conyugal se extiende por años, lo que se suponía era solo una enfermedad se convierte en muerte, lo que era un problema económico se convierte en pobreza, lo que era un problema con los hijos pierde a los hijos y el cambio no ocurre, a pesar de que estaba allí guiado por un hombre enviado por Dios. ¿Y por qué es eso? Porque el orgullo lo impide. El orgullo hace que la persona se vuelva desobediente, deshonrosa,

---

[18]Ezequiel 28:15-17

impaciente, insensible ante los problemas de los demás, la persona se vuelve autosuficiente, no escucha ni respeta a quienes tienen más experiencia que ella, aunque esto sólo le ayude, y lo único que necesitamos para salir de este desierto es cambiar y acabar con el orgullo. No sé si habéis oído o leído sobre esto, pero mi padre decía que todo el problema del mundo era el orgullo. La historia de la huida del pueblo hebreo de Egipto a la tierra prometida parece mostrarme que mi padre tenía razón y vean que interesante, solo dos personas de toda la generación del pueblo que salió de Egipto entraron a la tierra prometida. Debido a que esa generación murió y no cambió, no pudieron liberarse, quedaron esclavos, por lo tanto, no fue posible habitar una tierra de gente libre.

Pongamos un ejemplo de esto: Las personas que consumen alcohol no pueden conducir, en el caso de Brasil la tolerancia es cero, en Alemania el límite es de 0.3 g./L, en Estados Unidos el límite de alcohol para conductores es de 0.08 BAC (Blood Alcohol Contenido), lo que significa aproximadamente dos latas de cerveza. En Francia, el límite máximo de alcohol permitido es de 0,5 gramos por litro de sangre, lo que corresponde, para una persona de peso normal, a 2 cervezas de 250 ml, 2 copas de vino o 3 copas de champán. Puede encontrar información sobre otros países en el sitio web del departamento de tráfico, pero lo que quiero decir es que esta persona que está luchando contra la esclavitud de la adicción corre el riesgo de perder su libertad de movimiento e incluso poner en riesgo la vida de otras personas si no respeta los límites determinados y los suyos propios. Esta persona puede perder el derecho a conducir su propio coche, aunque sea su coche. El coche es suyo, pero no está dispuesta a tenerlo ni a utilizarlo. Dependiendo del caso, la persona ni siquiera obtiene una licencia para conducir, primero tiene que demostrar que está libre de la esclavitud de la adicción que puede implicar otros alucinógenos además del alcohol, a veces criticamos muchas cosas de la Biblia sin saber por qué tuvo que ser así. Sólo hace falta saber mucho sobre los seres humanos para saber cuándo están preparados para la siguiente fase de la vida.

Nadie puede cruzar el desierto por sí solo, es necesario, en caso de que profeses la fe cristiana. Sabes que no estarías aquí si no fuera por Dios y si estás en el desierto, sabes que no saldrás sin la ayuda de Dios, pero primero hay que quererlo y esa es la función principal de la fe, apoyarnos en nuestra decisión; el objetivo siempre es el bien porque tenemos dentro de nosotros la noción de lo que es bueno y saludable. Saber esto es una advertencia contra el orgullo y aunque no creas en la existencia de algo más grande que tú, aun así, no puedes dejar el desierto en paz, ni hacer nada solo. Hagas lo que hagas, siempre necesitarás conocimientos, recursos y ayuda de otra persona. Lo único que haces tú solo es decidir, tu decisión depende de ti, pero aun así necesitas estar vivo y saber cuáles son tus opciones.

No ser orgulloso es dejar que alguien que sabe más que tú te guíe. Hoy en día, cuando una persona reconoce que otro sabe más que ella, se siente humillada, despertando envidia hacia el otro en lugar de despertar admiración. Entendamos qué es la humillación en realidad. Cuando alguien dice que eres una persona carente de buenos modales y conocimientos, la persona que dice esto no te está humillando, te está ofendiendo, está mintiendo sobre ti y te está faltando el respeto. La ofensa es diferente de la humillación, no importa cómo se haga, la única manera de humillar a alguien es decir la verdad oculta. En terapia, las personas tienen dificultades para revelar ciertos eventos y comportamientos, algunas personas literalmente necesitan años, porque ciertas situaciones las hacen sentir humilladas.

Cuando alguien saca a la luz tus defectos, sin tu autorización, de manera equivocada, eso es una verdadera humillación, pero cuando lo haces tú mismo, no. Cuando te humillas expones tus sentimientos para cerrar un ciclo que está abierto en tu vida, esta es una humillación noble y saludable. ¿Cómo se hace esto? Disculparse si lastimaste a alguien o perdonar si alguien te lastimó. Hay personas que hacen esto todo el tiempo, pero no son sinceras. La persona literalmente se humilla solo para permanecer en una posición de víctima, este tipo de comportamiento es la peor cara del orgullo.

Cuando reconozco que soy un ser humano y que tengo defectos y saco luz de mis errores y me humillo, admito que mentir, hacer trampa, etc. Duele, duele la humillación, pero sólo yo tengo este poder, el poder de romper mi orgullo y eso sana. Es una medicina amarga que nadie quiere tomar, pero cuando una persona crea esta conciencia de que es necesario y lo hace. La persona se vuelve verdaderamente sana y fuerte, lista para habitar la tierra prometida. Otras personas pueden quitarte la paciencia, pueden irritarte, pero no pueden humillarte, sólo si tú se lo permites.

Lo que más enferma a las personas es tratar de convencerlas de que son perfectas, que no cometieron un error y que si se equivocan es culpa de otra persona, no de ellos. Lo cual es diferente a reconocer que es amada, que es especial, que significa mucho para la persona que ama. Pero el mensaje que se está transmitiendo en estos momentos no es ese. Se está invitando a las personas a ser narcisistas, egoístas, preocupadas por la imagen de la belleza exterior, que es diferente a preocuparse por la propia imagen, con un carácter intachable, con honestidad, con no herir a los demás, personas que dicen ser las más sensibles a los problemas del mundo son de quienes menos ayudan, la mayoría no hace nada. Tiran basura al suelo y no limpian sus propios cuartos, la gente se destruye en su propio orgullo, no quiere escuchar a nadie, no quiere saber de sus errores, cree que son buenos y perfectos y no necesitan cambiar, haciendo lo mismo que hicieron Adán y Eva.

Adán: - ¡Ningún Dios! No es mi error. ¡Es tuyo! tú me dio esta mujer. Recordando que ni siquiera pregunté.

Eva: - ¡No Dios! No es mi culpa. Fue la falsa serpiente la que me engañó. Se hizo pasar por mi amiga y dijo que me ayudaría a ser como tú de una manera rápida y sencilla.

Los mismos fueron los argumentos del pueblo hebreo en el desierto.

- ¡Moisés queremos carne, queremos agua! ¿Porque nos sacaste de Egipto para sufrir en el desierto? Somos personas maravillosas, perfectas y especiales. No podemos quedarnos aquí sufriendo sin conseguir lo que queremos. ¡Ve Moisés, encuentra tu camino y acelera!

*Parafraseando la Biblia [19].

Moisés pudo decir que fueron ellos los que pidieron, y fueron los que vinieron al desierto porque

---

[19] Parafrasear significa "Interpretar un texto con palabras propias, manteniendo su significado original" (dicio.com.br).

quisieron, pero no hay registro de que Moisés dijera esto. En esta situación, Moisés fue a hablar con Dios para cumplir los deseos de aquel pueblo ingrato que murió sin cambiar de corazón, ahogado en su propia soberbia. Según la Biblia, el pueblo hebreo oró pidiéndole a Dios que los salvara de esa esclavitud, Dios escuchó y envió a Moisés para sacarlos de Egipto. Además de sacarlos de allí, Dios también les preparó una tierra, donde serían libres y prósperos.

Pero hay otro tipo de orgullo que se sustenta en el victimismo, que podemos reconocer como una patología y realmente lo es, este tipo de orgullo hace que la gente se sienta orgullosa de ser miserable. Para facilitar la comprensión, hablemos de Diógenes [20], quien se definió como el hombre más humilde que jamás haya existido. Diógenes, conocido como el Cínico, fue un filósofo que vivió en la Antigua Grecia, que hizo de la miseria una virtud. Estaba andrajoso y habría vivido en un enorme barril, donde vivía con sus perros. Deambulaba por las calles con una lámpara durante el día, afirmando estar buscando hombres honestos y virtuosos. Hubo un episodio en el que un niño pobre fue a beber agua y Diógenes vio que estaba usando su mano, ya que no tenía taza. Diógenes tenía una taza rota, entonces, ¿qué hizo? Tiró la taza y empezó a beber agua con la mano, porque no quería ser más favorecido que el niño. Diógenes vivió en una pobreza forzada, para él esto

---

[20] Diógenes de Sinope (400 a. C. - 325 a. C.)

era una filosofía de vida. Diógenes predicaba una forma de vida sencilla, pero en realidad vivía como un miserable.

Su orgullo era tan grande que brillaba a través de los agujeros de la ropa que llevaba Diógenes, esta afirmación proviene de las personas que lo observaban. Si ser tan humilde como un perro es cinismo, el ser humano no fue creado para vivir así, pero, por supuesto, Diógenes tenía sus seguidores y su maestro, el filósofo ateniense Antístenes, que fundó una escuela [21], los cínicos eran, pues, personas que despreciaban los órdenes sociales y vivían en circunstancias consideradas degradantes para un griego, asemejándose a los animales.

La miseria de los cínicos era una miseria forzada, no era una miseria provocada por las circunstancias, vivir como vivían los cínicos no les quitaba el orgullo del corazón, todo lo contrario, el orgullo brillaba aún más fuerte en estas personas, porque pensaban que tenían una virtud por encima de todas las demás. Por eso la palabra "Cínico", que debería ser una palabra para describir la virtud, se ha convertido en cinismo, que la soberbia de vivir o defender una idea que en realidad no es lo que se desea, sólo te obliga a mostrar una virtud que en realidad no tienes, esta es la descripción de la

---

[21] Antístenes (440 a. C. - 365 a. C.), discípulo de Sócrates (470 a. C. - 399 a. C.)

persona cínica. Pero los cínicos contribuyeron al síndrome de Diógenes (SD), que se caracteriza por un descuido extremo en la higiene personal, negligencia en la limpieza de la propia casa, aislamiento social, sospecha y comportamiento paranoico, con frecuente aparición de acaparamiento.

Esta auto humillación patológica es cinismo. Es la persona que se enorgullece de ser miserable. Es una afirmación como: - Yo soy pobre, tú eres rico, entonces yo soy superior a ti. ¿Qué es esto sino orgullo? También cuando alguien piensa que por tener bienes materiales y diplomas es mejor que el otro. ¡Orgulloso también!

Desde el orgullo, en el orgullo camina la humanidad y la religión que debe sanar, enseñar, moldear, pulir y nutrir, en ocasiones ayuda a que se proliferen aún más las virtudes. En lugar de eliminar el miedo, lo implanta, manipula y utiliza a Dios para sus propios intereses. Historias como Adán y Eva, Abel y Caín, la relación de José con sus hermanos, el éxodo del pueblo hebreo, son preciosas fuentes de cura para muchas desviaciones de la personalidad, si se interpretan correctamente y sin manipulación, son enseñanzas de prevención que todos puede aprender a interpretar con profundidad y claridad, pero, desgraciadamente, se utilizan la mayor parte de las veces para generar miedo y auto condena. ¡Triste!

Se pelean entre ellos si alguien recibe otra luz de entendimiento en la interpretación, ponen nombres y desacreditan al otro, luego vienen teorías y más teorías basadas en la misma enseñanza, por ejemplo, la teoría de la liberación que decía que Jesús tenía una opción radical por los pobres, Jesús no tuvo una opción radical por los pobres, si Jesús tuviera una opción radical por los pobres estaría respetando a la gente, ignoran la presencia de ambos en la vida de Jesús, se sentaba con todos. Fue a la rica tumba de un amigo rico. En la Biblia no dice que Dios amó de tal manera a los pobres que entregó a su único hijo para salvar a la humanidad, está escrito que:

"Porque tanto amó Dios al mundo...
(Juan 3:16)

No necesito ser pobre para demostrar que soy bueno, o que soy amigo de Dios, y ni siquiera necesito dejarme humillar para demostrar que Dios es mi amigo. Sí, necesito ser humilde para aceptar mis limitaciones, aceptar mis errores y buscar ayuda, porque nadie deja solo el desierto, pero en cambio se pasa una creencia que limita y enferma a la gente, no puedo crecer socialmente de lo contrario me alejaré de las virtudes que Dios predica, por qué los ricos no suben al cielo, esto es muy limitante y se acomoda a los que no ya no tenemos tendencia a ser una persona activa, en lugar de curar y motivar, la religión limita y enjaula a la persona. Normalmente las personas alimentan su pereza y falta de éxito con argumentos bíblicos y obligan a otros a satisfacer sus necesidades con soberbia, sin reconocer que están en la situación en la que están por elección propia, no generalizo aquí porque no necesito para recordar el tiempo, sin embargo, cada caso es una oportunidad y cada persona sabe muy bien lo que le conviene, pero sepan que ser pobre y miserable no es una virtud, es una maldición.

El mismo Jesús dijo: "Nadie enciende una lámpara y la cubre con un recipiente o la pone debajo de la cama; más bien, colócala sobre el candelero, para que todo el que entre vea la luz [22], en otras palabras, si tienes talento, si eres capaz, no te escondas, deja que el mundo vea, da la oportunidad de ser inspiración para otras personas, sin arrogancia. Hoy podemos ver, por el contrario, a personas que enseñan a la gente a ser egoístas y arrogantes, a ver a los demás sólo con interés. Siempre estamos pasando de un extremo a otro, sin encontrar el punto de equilibrio y satisfacción del alma, nuestra relación no es sana con nadie, ni con nosotros mismos, ni con los otros, podemos tener una buena relación y todo esto por falta de concentración y falta de autoconocimiento. No sabemos quiénes somos, por eso nos dejamos llevar por todas las olas. No debemos dejar que nuestros límites y nuestros miedos nos moldeen, y mucho menos a los demás, sin nuestro consentimiento. Sé el cambio que deseas

---

[22]Lucas 8:16-18

en el mundo, toma el sentido de bien y de salud que tenemos dentro de nosotros y desarróllalo dentro de ti a tu ritmo y con tus elecciones. Por qué es necesario aclarar esta historia de "Sé tú mismo". ¡Sé tú mismo! ¿Como esto? ¿Qué significa eso? Seamos realistas, ninguno de nosotros sin estar adecuadamente pulido es genial. No somos amables ni buenos, ni con los demás ni con nosotros mismos. La Biblia lo sabe muy bien, no solo la biblia, la filosofía y muchas otras enseñanzas antiguas, las nuevas todas están inspiradas en las antiguas y lo único diferente son los argumentos modernos.

El perdón lo cambia todo en tus relaciones internas y externas

La mayoría de nosotros no conocemos el verdadero concepto del perdón y debido a conceptos erróneos de lo que es el perdón, no lo tenemos como la luz y el faro que es en nuestras relaciones internas y externas. Perdonar no es perder, perdonar no es olvidar, perdonar no es soltar ni volver a lo mismo de antes. Perdonar es poder mirar una situación desde el punto de vista de una mente expandida, que es lo que enseña la Biblia en todos sus versículos sobre el perdón.

Más bien, sedes amables unos con otros, misericordiosos, perdonándoos unos a otros...
Efesios 4:32

Perdonar es muy importante porque nos libera de la ira, el resentimiento, la tristeza y otros sentimientos desagradables. Al realizar el acto de perdonar, existe la oportunidad de liberarnos de las ataduras que aportan peso negativo a nuestra vida. Es un símbolo de inteligencia emocional y, en muchos momentos, de madurez personal. Eres tú mirando la situación y entendiendo la situación como realmente es, y con una mirada más madura (recordando que la madurez es una elección y no una edad), desarrollas el poder de entender las cosas, miras esa misma situación que antes que tú no pudiste perdonar, pero ahora puedes porque entendiste de otra manera. ¿Qué manera es esta?

Te das cuenta de que lo que la otra persona te hizo fue su problema y no el tuyo, pero sin darnos cuenta, la mayoría de las veces manejamos la situación como si el problema fuéramos nosotros y no la otra persona, tendemos a ponernos en el centro de las cosas, tomándonos todo como algo personal. Entonces, ¿qué hacemos? No perdonamos, no perdonamos nada. Daré un ejemplo, después de haber seguido varios casos similares, para que sea más fácil de explicar. No perdonas a tu padre, porque tu padre quería que fueras un niño y naciste niña, y por eso no te perdonas a ti mismo por ser una niña. Porque crees que no recibiste el amor de tu padre por ser niña. Pero cuando expandes tu mente a través de las situaciones de la vida, terminas llegando al momento donde el único camino que encuentras es el perdón. Tomas este camino, perdonas a tu padre y cuando miras a tu padre, te das cuenta del poder que le diste a los demás para decidir tu valor. Dios no le dio a nadie el poder de determinar el valor de otro ni de decidir quién es amado y quién no. Él nos dio este poder, Dios deja muy claro que, si no te amas a ti mismo, no tendrás la capacidad de amar a los demás. Pensar que al no perdonar a tu padre lo estás castigando es un pensamiento que limita toda tu vida, porque vives para ello. Cuando perdonas, descubres que lo único que has hecho es darle a la otra persona el poder de decidir tu valor. Te das cuenta que el comportamiento de tu padre era su incapacidad para amarse a sí mismo y para sentirse un poco mejor en su propia piel, ponía condiciones a las situaciones, queriendo determinar lo que debía ser, entonces te das cuenta de que es su problema y no el tuyo. Te das cuenta de que pasaste toda tu vida deseando que tu padre te diera lo que él no tiene. La pregunta es siempre la misma en todas las situaciones, la falta de perdón, ¿cuánto más de tu vida esperarás para permitirte amarte a ti mismo y seguir tu camino y no el camino del otro?

Liberar el perdón no es liberar al otro, es liberarte del otro y de la situación que no te deja vivir. El perdón no es exclusivo de la religión, muchas veces el entendimiento de algunas personas religiosas dificulta que las personas liberen el perdón, como por ejemplo el argumento de que: ¡Hay que perdonar, eso es una orden! Eso no ayuda a nadie.

No sabes la carga que la situación impone a la persona, el tamaño de la piedra que hay en su camino. Entonces, no puedo decirle a una persona de 50 kilos: - Quita esa piedra de 200 kilos que está en tu camino, para que puedas continuar tu viaje. ¡Esa es una orden! No funciona a nivel físico, tampoco a nivel emocional y espiritual, esto es como hacer una terapia así, me doy cuenta que una persona tiene un trauma que le impide vivir, pero si suelta el perdón el tema se resuelve, entonces digo: - ¡Perdona, ya! Esa es una orden. Si funcionara así, sería genial, ayudaríamos a tanta gente en tan poco tiempo.

Pero sí se puede resolver el tema con la expansión de conciencia que es la base de la terapia, llegar a través del viaje al propio interior y descubrir que esa piedra de 200 kilos no es una piedra, son varias piedras del mismo problema que la persona ha ido acumulando, así que, si decidimos que quiere detener esto, comencemos a quitar piedra a piedra, hasta que el perdón se libere por completo y el camino esté despejado para que la persona viva la vida con más intensidad y ligereza.

A veces no nos damos cuenta de los impedimentos que creamos en nuestras vidas porque no hemos aprendido a liberar el perdón. Una situación no sólo crea un impedimento, produce varias, muchas otras situaciones, pero la raíz la mayoría de las veces es esa historia que generó un trauma que no hemos resuelto, que ignoramos sin sanar, sin liberar el perdón y esta situación se acumula con el tiempo y traen muchos otros impedimentos en nuestra vida.

¿Pero cómo ser consciente de esto? A través de la escucha, del aprendizaje, del querer ampliar la mente para la vida, en la terapia, en la búsqueda del autoconocimiento, de repente escuchas a alguien decir algo sobre una vida con calidad, con emociones maduras, con traumas superados y entonces te detienes y analizas lo que se dices, y te permites expandir tu consciencia, ir tras otros factores, otros medios que finalmente te ayuden. Resuelve tu problema emocional, que has cargado contigo toda tu vida.

Nunca es demasiado tarde para el perdón, muchas personas vienen a mí entre los 60 y 70 años y todavía lloran por cosas que sucedieron en su infancia, entonces, en realidad, la persona que tomó el control de la vida emocional de estas personas fue un niño de 5 años herido. ¿Y qué hacer? El trabajo a hacer ahora es que la persona, desde el punto de vista de un adulto, regrese allí y rescate esa parte que le quedó toda su vida, esperando que su padre o su madre lo rescaten, a veces hay una verdad difícil que una persona debe enfrentar en esta situación, y es que la persona la que insiste en no perdonar, a veces no tiene idea de lo que le hizo, en el caso del padre y la madre, descubre que hicieron lo que consideraron mejor en ese momento. Entonces a veces recuperar esto causa desilusión al primer momento de descubrir que no estuvieron, no están y nunca han estado allí para preocuparse por las limitaciones que dices, que provocaron en tu vida, a veces los padres ya se fueron y la persona perdió la oportunidad de hablar con ellos y saber por qué eran las cosas. Todo esto será parte del proceso hasta que la persona descubra que quien dejó su vida fue ella misma y el acto de perdonar liberará a una sola persona, a ella misma.

¡Entonces estás leyendo este libro! ¿Vas a renunciar a tu vida? ¿Te abandonarás? ¿Vas a esperar a que alguien más haga por ti lo que sólo tú puedes hacer? Sepa que nadie puede hacer nada por usted, cuando se trata de sus emociones, sus sentimientos, sus decisiones, la única persona que tiene poder sobre ella misma es simplemente ella misma. Las personas que te rodean pueden influir en ti, pueden despertar en ti buenos y malos sentimientos, pero lo que hagas con ello es tu decisión. Si aprendemos lo que Jesús quiso decir cuando dijo: Ama a tu prójimo como a ti mismo, aprenderemos a rescatarnos a nosotros mismos, rescataremos el amor propio y descubriremos que la incapacidad de soltar el perdón no es más que orgullo, un orgullo que sólo destruye a nosotros mismos e impide que nuestro amor propio surja, con esto nos volvemos peores que la situación que generó ese dolor.

Hay personas que creen que aman a los demás más que a sí mismos, pero esto no es posible. El amor a los demás surge a través del amor propio y, es a través del amor propio y a través de él que hay que amarse a uno mismo y a través de este amor que se siente hacia uno mismo se alcanzará al otro. Por supuesto, si alguien dice amar a otro, más que a sí mismo, esa persona sólo está proyectando una idea de amor y dejará de amar al otro en el primer momento, cuando la persona le muestre un defecto. Así que es en este caso y en muchos otros casos que el autoconocimiento es sumamente importante, y eso es exactamente lo que intento transmitir aquí, pidiéndote que evalúes y reevalúes todas las áreas de tu vida, ya sea tu niño interior, tus relaciones, tus traumas, tus fobias, tu relación con tu familia. Poder entrar en todos los ámbitos significa poder re-explorar esto.

Las personas se sorprenden al darse cuenta de hasta qué punto todavía tienen una conexión con cosas que sucedieron en sus vidas, cosas que no les importaban, sino las consecuencias que están experimentando ahora. Esto es autoconocimiento. Puedes mirar tu vida y conocer realmente todos los factores que te llevaron a actuar como actúas, a pensar como piensas, a sentir como te sientes. Entonces es sólo una cuestión de autoconocimiento, cuando te conoces a ti mismo, estás expandiendo tu conciencia y desarrollando la capacidad de perdonar. Perdona cosas grandes y pequeñas del pasado y del presente, hasta que llegue un punto en el que, diga lo que diga la persona, ya no te sientas atacado. Te das cuenta de que es cosa de una persona y no tuya.

Sin perdón no hay cura, todo psicólogo, todo terapeuta, todo religioso lo sabe. Incluso puedes aprender a vivir con el dolor de la mejor manera posible, que es lo que enseñan los psicólogos a vivir con la herida de la mejor manera, pero saben que la cura es posible, y es un proceso largo y sólo llega con el perdón real, verdadera y consciente. Está claro que cuando se habla de la herida emocional los profesionales difieren en sus opiniones, muchos piensan que es imposible una vez rota la emoción, se queda rota por el resto de la vida, no hay vuelta atrás. Pero veamos el tema desde este lado, cuando vas al médico, tienes un corte, por ejemplo, y el médico te lo cose y espera a que esa herida sane. El tiempo de cura variará de persona a persona, también dependerá de cómo la persona cuidará esa herida, si tomará correctamente los antiinflamatorios o tomará acciones que ralenticen el proceso de cura e incluso puedan agrandar la herida hasta el punto de crear riesgos innecesarios. Pero una cosa que todos los médicos saben es que usted tiene todos los mecanismos en su propio cuerpo para curar esa herida. ¿Por qué sería diferente con las heridas emocionales? No es diferente, con las heridas emocionales también contarás con el tiempo para sanar, también contarás con tus actitudes hacia esa herida, pero el mecanismo capaz de sanar está dentro de ti y es el perdón. En esta parte, la fe, la creencia en un ser superior, marca la diferencia, porque esto nos ayuda a crear una idea de nuestra fuerza y al mismo tiempo de nuestra fragilidad. Entregarnos ante un

Creador es extraer de Él la fuerza que sólo Él es capaz de darnos, pero vivimos negándonos, lo que es fácil de entender es el rechazo, después de vivir años y años en la oscuridad del trauma y el miedo, es natural que los ojos rechacen la luz, pero si insistimos superaremos la fragilidad de los ojos, nos acostumbraremos a iluminarnos y ver cosas maravillosas que siempre estuvieron ahí a nuestra disposición. En el momento en que tomas conciencia de esto, sólo tienes una salida, que es aprender del proceso del perdón, que aún después de esta toma de conciencia no ocurre en un abrir y cerrar de ojos, principalmente porque depende de la dimensión que cada persona le dé a cada situación. He tenido casos de abuso conmigo donde el proceso de perdón ocurrió más rápido que el caso de falta causada por un padre ausente. Perdonar es poder mirar el mundo a través de los ojos de Dios. Como ya hemos mencionado aquí, Dios decidió amarnos, como un padre que ama a sus hijos, por esta decisión que Dios quiso **restaurar nuestras relaciones con Él, abrió las puertas del perdón**. La Biblia no dice que Dios nos perdonará, la Biblia dice que Dios nos ha perdonado, Jesús pagó el precio por esto. (Investiga y aprende cómo funciona esto, ¡vale la pena!). Así como Dios decidió amarnos, quiere que amemos a nuestro prójimo, de la misma manera debemos perdonarlo. Pero este es un punto que tiene otro que lo precede, ¿recuerdas cuál es? Para amar a los demás primero tienes que amarte a ti mismo. ¿Crees que Dios lleva dolor? Vean cuánta ingratitud tiene la persona de Dios y no se rinde. El sol sale para todos, y las personas que no entienden por qué, Dios no acaba con el mal son las mismas que no hacen nada para que el mal desaparezca de la tierra, a veces ni siquiera organizan el entorno en el que viven, quieren preservar la naturaleza, pero son los primeros en fumar, beber y tirar basura al suelo. Ni siquiera cuidan su propia naturaleza y mucho menos la naturaleza perfecta que Dios nos dio en perfectas condiciones. No necesitas cambiar el planeta tierra, ni el universo. Sólo necesitas sanar y arreglar tu mundo interior y exterior, por grande que sea, luego elija a alguien que le ayude y, por favor, no presente argumentos de que la gente no quiere que la ayuden. Si tiene esta impresión, inténtelo hasta que encuentre a alguien que realmente necesite y quiera su ayuda. Ayuda a esta persona a encontrar su paz, a mejorar su mundo interno y externo, pero a su manera, no a tu manera. Si hacemos esto tendremos éxito, funcionará y el infierno que creamos con nuestro orgullo y falta de humildad desaparecerá de nuestras vidas y seremos vacunados contra la Pandemia de la Soledad.

Gracias

Otro trabajo realizado en portugués, alemán, inglés, italiano y español, y a la hora de agradecer no tengo dudas, en primer lugar, a Dios que siempre me da todo lo que necesito para poder escribir. En segundo lugar, mi familia, mi marido Rolf Fanz y mi hija Paula Fernanda.

Agradezco a mi madre Ana María que me quiere tanto y siempre creyó en mí, a mis hermanos Ronaldo, Reinaldo (en memoria, representado por sus hijos Lucas, Reydson, Ingrid y Thierry), a mi hermano Sidcley y José Augusto, a mis hermanas Aparecida, Vanderleia, Vera Lúcia, Ana Cley y Ana Cristina con quienes hablo todos los días vía videoconferencia por las mañanas para fortalecernos mutuamente en la oración, la fe y el apoyo emocional. También agradezco a mis amigos y clientes que me ayudaron a profundizar en esta apasionante aventura de las emociones y comportamientos humanos. A todos vosotros mi más sincero agradecimiento.